# 정신치료와 입문의례:
## 정신치료의 원천

# 정신치료와 입문의례: 정신치료의 원천

2019년 10월 21일 초판 1쇄

**지은이** Pierre Solié
**옮긴이** 김성민
**펴낸이** 김성민
**펴낸곳** 월정분석심리학연구소 부설 도서출판 달을 긷는 우물

**등록** 2018년 07월 20일 제382-11-00664호
**주소** 서울시 서초구 강남대로 365 대우도씨에빌 1차 1005호

**전화** 070-8100-3319
**e-mail** souyou67@gmail.com

**ISBN** 979-11-965154-3-0 93180

**값** 20,000 원

# 정신치료와 입문의례:
## 정신치료의 원천

**피에르 쏠리에** 지음 | **김성민** 옮김

달을 긷는 우물

# 역자 서문

이 책의 저자 피에르 쏠리에(Pierre Solié)는 본래 정신과의사가 아니라 내과 의사였다. 그러나 그는 많은 내과 환자들을 치료하다가 그들의 질병에는 생리적 원인뿐만이 아니라 정신적 원인이 같이 있는 것을 보고, 심층심리학을 연구하기 시작하였다. 그래서 그는 프로이드, 융, 라캉 등의 책들을 보다가 결국 융의 분석심리학에 뿌리를 내렸는데, 그 이유는 그가 이 책에서 많이 언급하듯이, 인간은 사유인(homo sapiens)일뿐만 아니라, 종교적 인간(homo religiosus)이며, 시적 인간(homo poeticus)이라는 사실을 깨달았고, 사유인과 종교인과 시적 인간 사이에는 밀접한 관계가 있다는 사실을 절감하였기 때문이다.

그는 원시부족의 마을에는 마을 한 가운데 하늘로 통하는 토템 기둥이 있고, 그 주위에 마술사의 오두막과 추장의 오두막 등이 있으며, 그 뒤로 일반 사람들이 사는 집들이 있고, 그뒤에 월경 등으로 더럽혀진 여성들과 금기 등을 어긴 사람들이 마을로 다시 복귀하기 전에 잠시 거처하면서 속죄하는 곳과 이방인이 머무는 곳이 있으며, 그 뒤로 넓은 미개간지가 있다고 하였는데, 미개간지는 사람들의 손길이 아직 닿지 않은, 알 수 없고, 믿을 수도 없는 무시무시한 곳이다. 그곳에는 나쁜 영들과 악마들이 살며, 그것들은 끊임없이 인간 세계를 노리고 있으며, 인간의 삶에 수많은 문제들과 불행을 가지고 온다.

사람들이 병에 걸리는 것도 그들 때문이다. 이 세상에는 건강과 병, 밝음과 어둠, 길과 흉, 창조와 파괴 등 서로 반대되는 것들이 많고,

그것들은 모두 인간의 삶의 구조를 형성하고 있는데, 그 모든 것들은 결국 정(淨)과 부정(不淨)이라는 커다란 범주에 속해 있다. 그런데 정은 사람들이 신의 질서 안에서 신과 조화로운 관계에 있을 때 사는 상태이고, 부정은 사람들이 신의 질서 바깥에서 신과 조화를 이루지 못하는 상태를 말한다. 그때 사람들의 존재는 미개간지에 있는 알지 못하는 영의 공격을 받아서 화를 당하거나 병에 걸리게 된다. 따라서 치료도 사람들이 부정을 씻고, 다시 정하게 돼서 신의 질서에서 사는 방향으로 행해진다. 그래서 원시사회에서는 수많은 의식과 의례들이 이루어졌으며 사람들은 신들과 좋은 관계를 맺으려고 하였다 그 의례들은 지금도 주술의학의 형태로 부분적으로 남아있고, 그것들을 이야기하는 신화는 여전히 많이 있는데 융이 말한 집단적 무의식 개념을 가지고 신화를 보면  이해하기가 쉽다.

그래서 쏠리에는 이 책에서 현대에서 사는 1930년대 미국 원주민이나 오스트레일리아 원주민들의 의례 등을 살펴보는 한편 고대 메소포타미아, 이집트, 그리스의 신화와 의례를 살펴보면서 고대인들이 어떻게 치료를 했는지 살펴보고, 그 흔적들이 현대 의학에 어떤 형태로 남아있는지 파헤치고 있다. 왜냐하면 고대인들이 걸렸던 병과 그들이 행했던 치료법은 현대인들에게도 똑같이 해당되고, 현대인들의 삶은 지금 입고 있는 옷만 다르지 그들과 큰 차이가 없기때문이다. 종교적 인간으로서 사람들은 그때나 지금이나 마찬가지로 거룩한 질서 안에서 살아야 하고, 그 질서와 금기를 깨트리면 병이 들고, 정화의식을 통해서 다시 그 거룩한 질서 안에 들어오면 낫게 된다. 그것은 우리가 꾸는 꿈을 살펴보면 잘 알 수 있다. 우리의 꿈은 등장인물과 현장의 모습만 달라졌을 뿐, 원형적인 구조는 옛날이나 지금이나 똑같은 것이다. 원시인들을 쫓아왔던 멧돼지가 자동차로 바뀌고, 적이 들고 있던 창이 악당의 흉기로 바뀌었을 뿐 상징적으로는 다를 바 없는 것이다.

현대 심층심리학, 특히 융의 분석심리학과 현대의 인문학은 그 체계를 현대화시킨 것인데, 앞에서 말했던 원시부족의 마을의 구조는 분석심리학에서 말하는 인간의 정신구조와 매우 흡사하다. 마을의 중심부에 있는 하늘로 통하는 토템 기둥은 인간 정신의 중심인 자기(自己)에 해당되고, 남성들의 오두막과 일반사람들이 사는 지역은 자아에 해당되며, 그 뒤에 있는 부정한 사람들이 사는 지역과 미개간지는 개인무의식과 집단적 무의식에 해당될 수 있기 때문이다. 인간은 그때나 지금이나 거룩한 것을 훼손하지 않고, 질서 안에서 원시를 극복하며, 문명을 이룩하고, 새로운 창조를 통하여 더 높은 단계의 의식을 수립해나가야 하는 것이다. 원시부족에서 사춘기 무렵의 청소년들에게, 특히 남자 아이들에게 입문의례를 혹독하게 행하였던 것은 그 때문이다. 무의식의 거대한 영역을 뚫고 막 생기기 시작한 의식이 무의식에 다시 잠기고, 원시성에 떨어져 근친상간과 식인풍습을 다시 하려는 것을 타파하기 위하여 과거의 그를 거의 죽게 하고, 새로운 존재로 태어나게 하려고 그렇게 혹독하게 입문의례를 행했던 것이다.

그런데 재미있는 것은 샤만들의 입문의례이다. 샤만들은 대부분 이미 입문의례를 거친 성인들이지만 치료자가 되려면 입문의례를 한 번 더 거치는데, 그들의 입문의례도 일반인들의 입문의례 못지않게 혹독하다. 그들은 입문의례를 하기 전에 이유를 알 수 없는 병에 걸려서 몹시 고통을 받는데, 그때는 다른 치료법이 없고, 스승이 되는 샤만을 만나서 그들이 걸렸던 병에 맞는 보호령(保護靈)을 모셔야만 나을 수 있다. 그들은 특별한 소명을 타고 태어났기 때문이다. 그때 샤만 후보자들도 사춘기 소년들이 했던 것과 거의 비슷한 해체와 재통합의 과정을 거치는데, 그 이유는 그들이 다른 사람들의 병을 고치려면 다른 사람들과 다른 능력을 가지고 있어야 하기 때문이다. 그래야 그들은 악령과 맞서고, 악령들을 쫓아낼 수 있게 된다. 그들이 왜 병에 걸리게 되는지는 확실하지 않다. 그들이 어떤 금기를 어겼을 수도 있고, 아니면 타고나는 것일 수도 있다. 하여간 그들은 그 병에 걸려서 원인도 모르는 동안 몹시 고통을 받다가 입문의례를 통하여 치료자로 거듭나는 것이다. 여기에서 그 구조는 악령의 침입—병과 고통—해체와 죽음—입문의례와 재통합이 되는데, 쏠리에는 그것은 메소포타미아 신화에서 마르둑이 티아마트를 죽이고 세계를 건설한 것, 이집트 신화에서 오시리스가 세트에게 죽임을 당했다가 이시스의 도움으로 다시 통합되고, 호루스를 낳은 것, 페르세포네가 하데스에게 납치되어 지하계에 있다가 데메테르의 도움으로 다시 지상으로 왔다가 지상 세계와 지하 세계를 동시에 다스리게 된 엘레우시스 제의 신화와 근본적으로 같은 구조가 있다고 주장하였다. 거기에는 모두 어둠이나 혼돈의 침입과 그로 인한 고통이나 죽음, 그것과의 싸움 및 때때로 여성적인 것의 도움과 통합이라는 구조가 있는 것이다. 쏠리에는 거기에서인간의 병과 치료의 영원한 신화를 보았고, 그것을 가지고 실제로 치료를 하였다. 현재 병의 고통 가운데 있는 사람의 상황을 상징으로 읽으면서 신화에 나온 치료책을 현대 사회에 적용시킨 것이다. 그래서이 책의 부제가 "정신치료의 원천"이다.

사람들은 몇 천 년 전이나 지금이나 같은 정신 구조를 가지고 살고, 병들고, 치유 받고, 죽으며 다시 산다는 것이다. 다만 달라진 것은 과거에는 그것들이 집단적인 수준에서 이루어졌지만, 현대로 가까이 올수록 개인적인 구조에서 이루어지고, 개인들이 그들에게 다가오는 병과 고통을 극복하고 의미 있는 삶을 살고, 문화를 향해서 나아가려고 한다는 것이다. 그런데 쏠리에는 거룩한 것은 언제나 인간 세계로 내려오려고 하는 듯하다고 주장한다. 대표적인 것이 프랑스 혁명이고 프랑스에서 1968년에 일어났던 68혁명이다. 그때 프랑스 인민들은 늙은 악령에 사로잡혔던 것 같은 구체제(ancient régime)를 극복하고, 새로운 체제를 세웠는데, 그것을 하게 한 것은 각 개인들만이 아니라, 거룩한 힘에 사로잡혔던 개인들이다. 인간을 더 의식화 된 상태로 나아가게 하려는 거룩한 것이 인간을 무의식적이고, 집단적인 상태에서 벗어나 의식적이고, 개인적인 삶을 살게 하였다는 것인데, 그것은 프랑스만 그런 것이 아닐 것이다.

그런데 거룩한 것의 출현은 정치-사회적인 영역에서만 일어나지 않는다. 루르드의 성모의 발현에서 볼 수 있듯이 그와 전혀 다른 영역에서도 나타나는데, 그 이유는 바람은 불고 싶은 대로 불기 때문이며, 그 시간과 영역은 거룩한 것만이 알 수 있다. 인간은 다만 거룩한 것이 언제, 어떻게 나타나는지, 주의 깊고, 신중하게 살펴보아야(융이 종교적인 태도라고 말한 것) 할 뿐이다. 그렇지 않으면 그 세찬 바람에 떠날려 갈 수도 있다. 그런데 현대사회와 우리는 그 거룩한 것을 어떻게 대하고 있는가? 쏠리에는 그의 관심 분야인 정신치료를 하다가 범위를 인류학적, 문화학적, 종교적 고찰로까지 넓혔는데, 그럴 수밖에 없는 것이 인간은 사유인이며, 종교인이고, 시인이기 때문이다. 아무쪼록 이 책이 분석심리학과 정신치료에 관심이 있는 사람뿐만이 아니라 삶 자체에 대해서 진지하게 고민하는 모든 이들에게도 읽혀졌으면 한다. 본사에서는 다음에도 쏠리에의 『분석심리학과 희생제의: 개성화와 인류문명의 토대』를 출간하여 독자들과 더 갚은 대화를 나누려고 한다.

2019. 9. 20. 月汀.

# 차례

## 제2부 입문의례의 체계

# 서문

"신과 관계를 맺으려는 작업"인 주술(呪術)은 경이롭고 초자연적인 것들과 관계를 맺으려는 기술로서 그것은 영적, 물질적 은혜를 받거나, 엑스터시와 트랜스 상태에 빠지도록 우리를 선한 신과 직접적인 관계를 맺게 하는 존재 방식이며 작동 방식이다. 그래서 주술의학(médecine théurgique)에서는 병을 치료하기 위하여 인간과 신들 사이에 있는 본래적인 "친밀성"에 호소하려고 한다. 그때 사람들은 치료를 위해서 신에게 기도하면서, 초자연적 대상에게 말을 걸지만, 그 대상에게 마술적으로 강제하지는 않는다. 그와 달리 마술(magie)에서 의뢰인은 신이나 악마에게 강제력을 행사하려고 한다.

우리는 제1부에서 종교적 인간에 대해서 살펴보면서, 인간과 신들은 원래 친밀한 관계를 맺어서 일치 상태나 "신비적 융합"을 추구해 왔다는 사실을 고찰할 것이다. 그 상태에서 인간과 신은 거의 구분되지 않는다. 그래서 어떤 의미에서 기도를 하거나 간청하는 것은 신에 대한 강요라고 할 수 있다. 그 단계에서 주술의학과 마술은 혼동된다. 인간이 신들과 너무 가까워서 실제로 뒤섞이는 것이다. 그러므로 우리는 인간과 신이 그렇게 다르거나, 구별되거나, 멀리 떨어져 있지 않다는 사실을 알게 된다. 그 주된 역설은 두 축, 즉 매혹의 축과 두려움의 축 때문인데, 그것은 우리가 인간이 거룩한 것과 관계 맺을 때 경험하는 신성한 것(numen)이라고 정의한 것이다. 그런 모순 속에서 우리는 종교적 인간의 세계에서 정(淨)과 부정(不淨)의 이분법이 우리에게 신성력(numinose, 독일의 철학자 루돌프 오토는 인간이 신적인 것 앞에서 가지는 원초적 감정은 누미노제라고 하면서 그것을 유발시키는 것을 numen라고 하였다. 본서에서는 numinose를 신성력이라고 번역하거나, 번역하지 않고 누미노제라는 음역을 사용하기도 할 것이다—역자 주)을 느끼게 하는 것들을 보여준다. 선한 신성들은 건강의 원천으로 정(淨)하고, 악한 신성들은 병과 죽음의 원천으로 부정(不淨)하다. 우리는 이런 마니교적인 생각으로부터 그 모순의 강력한 역동에 대한 다양한 통제와 방어기제가 나오는 것을 보게 된다. 우리는 그 조절체계 안에서 비극이 연출되는 원시 시대의 마을을 배경으로 펼쳐지는 생명의 신들과 파괴, 병, 죽음의 악마 사이의 영원한 투쟁을 확인하는 것이다. 그때 그 싸움은 영원한 싸움이다. 그 마을의 중앙에는 천신의 권능을 향하여 토템이 서있고, 그 주위에는 추장의 집과 주의(呪醫)의 집과 남성들의 집이 있으며, 조금 멀리 떨어져서 가족의 오두막들이 있다. 그리고 저 멀리 동심원을 이루면서 임신한 여성, 생리중인 여성(불결한 여성), 그 부족에 의해서 부정한 마법의 소지자라고 판명된 사람들이 거처하는 오두막이 있다. 마지막으로 그보다 더 멀리 아직 개간하지 않은 광대한 공간에는 아주 다양한 사악한 신성들이 살고 있다. 그런데 하늘-토템에서 느껴지는 신성한 두려움과 미개간지에서 느껴지는 신성한 두려움 사이의 구분은 그렇게 쉽지않다. ... 전자가 부족에게 잘 조직된 우주의 질서(율법)를 가져다준다면, 후자는 혼돈의 무질서와 함께 황금기와 땅의 식량을 가져다준다.

우리는 그 두 가지 무한한 힘들이 작용하는 세속적 상황에 사는 나약한 존재인 인간이 어떤 방식으로든지 한편으로는 부성(父性, 부성원형)을 상징하고, 다른 한편으로는 모성(母性, 모성원형)을 상징하는 두 힘을 조금씩 동화시키면서 통합하는 것을 볼 것이다. ... 그 두 개의 우주의 거대한 박동을 인간화 하는 것을 보는 것이다. 추장—우리는 상징적 타자로 정의할 것이다—은 그 부족의 남자, 여자와 하늘(천공, 태양) 사이를 매개하는 자이고, 마술사는 마을의 속적인 공간(거룩하지 않은 곳)과 미개간지(지상, 지하, 바다: 지옥)의 사악한 세력 사이를 매개하는 "상징적 타자"의 역할을 한다.

때로는 같은 사람이 이 두 가지 역할을 동시에 하기도 한다.

또한 우리는 그 두 진영 사이에서 채집 단계를 지나 농경이 비약적으로 발전하여, 미개간지로부터 사악한 신성들을 점차 쫓아내면서, 농경-달의 신성과 관계되는 중새 체계가 발달하는 것을 살펴볼 것이다. 그때부터 달은 우리가 특별히 아들의 원형이라고 부르는 성현(聖顯, 성의 출현)을 나타내는 별이 되고, 농경-달의 모성-여신의 아들-연인이 된다. 농경사회에서 흔히 찾아볼 수 있는 모방 주술의 기원은 거기에 있다. 이 어린 종자-신은 내년 봄에 새롭게 태어나기 위하여 땅에 묻혀서 죽어야 하는 것이다. 우리는 이 농업의 주제로부터 우리가 고대 입문의례의 신비를 나타내는 무언극을 통하여 성령 안에서, 성령에 의하여 (회개)부활하도록 죽을 필요(열정)가 있다는 주제의 발전을 보게 된다. 마찬가지로 우리는 농경-달의 성현 가운데서 융과 함께 아니무스의 원형(여성에게 있는 남성적인 부분)과 아니마(남성에게 있는 여성적인 부분)라고 정의한 원형의 표현이 발달하는 것을 볼 수 있다. 더구나 우리는 신비의 궁극적 목표인 신성혼(hiérosgamos)은 새롭게 된(부활한) 아들과 어머니이자 누이인 여신(왜냐하면 똑같이 새롭게 되어서)의 신비한 결혼인데, 그것은 새롭게 발견된 헤르마프로디테(아니무스 원형과 아니마 원형의 통합) 안에서 하나 됨으로의 복귀를 상징할 것이다.

우리는 이 책의 제2부에서는 고대 신비의 핵심(고난, 부활, 신성혼)

이 모든 구원의 종교(sotériologique)의 기원이 되는 것을 볼 것이다. 처음에 그것은 단순한 모방주술로서 낟알에 생명을 다시 부여하려는 것이었고, 그것을 통하여 모든 식물과 겨울 동안 "죽은" 전 우주에 생명을 나누어 주려는 것이었다. 그러다가 그것은 점차 사람이 아들-신과의 동일시를 통하여 인간 집단을 위해서 부활을 보증하는 것으로 되었다가, 나중에는 결국 어떤 특별한 성품을 가진 개인들을 위한 것으로 되었다. 그러다가 결국 사람들이 부족의 집단적 자아로부터 벗어나 개인적 자아가 발달하면서 한 개인으로 되기 위한 모델로 되었다.

우리는 메소포타미아, 이집트, 그리고—결론을 잘 내려야 하므로—그리스의 고대인들이 행하였던 입문의례에 대한 연구를 통해서 처음에는 마법사, 그 다음에는 사제-의사의 의술(醫術)이 종교적 인간(*homo religiosus*)의 관념과 비전(vision) 가운데 자리 잡고 있는 것을 보게 될 것이다. 그들이 행했던 주술의 원인론은 현대 의학의 진단, 예후, 주술적 치료에도 잘 들어맞는다. 그래서 우리는 그 각 단계가 현대 사회의 영혼의 의학, 즉 S. 프로이드가 백여 년 전에 시작한 분석적 정신치료와 어떻게 연관되는지 살펴보려고 한다. 어쩌면 사람들은 그 둘 사이에 연관성이 전혀 없지는 않을 것이라고 생각할지 모른다. 그러나 현대 사회의 영혼의 의학 분야의 또 다른 위대한 개척자 C. G. 융은 이미 종교를 가리켜서 거대한 정신치료 체계라고 정의한 적이 있다. 종교는 정신치료의 체계에 불과한 것이 아니라, 정신치료의 체계 자체라는 것이다. 또한 우리는 언어의 탄생과 발달—특히 바빌론과 헬리오폴리스—을 살펴보면서, 말씀의 현현(말씀이 의식에 출현하는 것)이 어떤 점에서 그 거룩한 것의 역동에 개입하게 되었는지, 그리고 종교적 인간이 어떻게 동시에 시적인 인간(*homo poeticus*)이 되었는지도 살펴볼 것이다. 그것들 사이에 밀접한 관계가 있기 때문에 오늘날 시, 음악, 노래, 무용(한 마디로 무언의 악극), 조형예술 등은 거대한 정신치료 체계와 같은 평면에 들어가게 되었다.

나는 지면을 생각하여 이 방대하고, 흥미 있는 주제를 훑어가면서 지나갈 수밖에 없었다. 그래서 역사전문가, 특히 종교사학자와 민속학자들—그들은 이 분야에 별로 관심이 없을지도 모르지만—에게 죄송한 말씀을 드린다.

# 제1부

# 종교적 인간

# 제 1 장

## 정과 부정: 건강, 병, 죽음

이 세상에는 정(淨)과 부정(不淨)의 범주가 그 종교에서 기본적인 역할을 하지 않는 종교 체계는 존재하지 않는다. 오늘날 정(淨)과 부정(不淨)의 범주는 역동적인 양극적 구조로 거의 작용하지 않지만 옛날에는 그렇지 않았다. 그 범주는 거의 모든 요소, 사물, 존재, 우주에 걸쳐서 작용하였던 것이다. 그래서 어떤 화합물이나 초창기의 모습이 깨끗하다거나, 어떤 사람이 아직 결혼하지 않아서 깨끗하다는 말을 아직도 하고 있다는 사실은 그 본래적인 생각이 여전히 통용된다는 사실을 보여준다.[1]

정한 것은 부정하고, 선별되지 않은 요소와 섞이지 않았고, 그런 접촉을 통하여 변질되거나, 타락하거나, 속화되지 않은 것을 의미한다.

부정한 것은 우주의 질서와 신의 율법을 훼손하는 것이고, 라틴어에서 신의 뜻(fas)과 반대되는, 즉 신의 뜻을 어기는 불의(nefas)를 의미한다. 마찬가지로 인도-이란어에서 질서, 규칙, 진리(rta)와 반대되는 an-rta에 해당하고, 그리스에서 정의, 규정(themis)과 반대되는 anathemis에 해당한다. 부정한 것은 영혼과 신체의 가장 깊은 곳을 꿰뚫고 들어가서 죽음의 씨앗인 병을 만들어낸다. 고대어들에서 정화하다(purifier)라는 말은 동시에 마술을 풀다, 치료하다는 의미로도 사용되었다.

그래서 정은 건강과 열정(enthousiasme, 즉 신 안에 있는 것)과 같은 말이다.

본래 사람들에게 강한 불쾌감, 혐오감을 주는 것은 부정하다. 예를 들어서 말하자면, 썩는 것과 시체는 우리에게 우리 자신의 유한성과 유한한 운명을 생각나게 해서 부정한 것이다.

어떤 동물들은 벌써 같은 종(種)의 동물의 시체를 연상하게 하면서 공포를 불러일으키고, 사람들을 두려움에 사로잡히게 한다.

시체에 대한 공포는 그것이 비록 항구적인 것은 아니지만, 사람들에게 널리 퍼져있는 보편적인 두려움이다. 시체와 시체에 대한 두려움, 공포, 존중, 예배는 다른 요소들과 함께 전형적으로 인간 사회가 만들어지는 것과 자연으로부터 문화로의 이행을 보여준다.

죽음과 관련하여 정한 것과 부정한 것 사이의 변증법 가운데서 정화가 얼마나 중요한지를 살펴보려면 통가 왕국의 반투족이 행하는 정화(淨化) 의례를 참조하는 것이 좋을 것이다.

통가 사람들은[2] 그들의 친척 가운데서 한 사람이 죽으면, 시체의 더러움(souillure)이 그와 가장 가까운 친척들의 생명의 원천인 에로스(Eros)에까지 미치고, 그것이 부족 전체를 감염시켜서 그들이 먹고 사는데 필요한 식물과 동물까지 오염된다고 믿었다.

따라서 어떤 사람이 죽으면서 그에게 고통이 시작될 때부터 이미 오염되어 있는 모든 성적 교섭은 그 마을에 사는 모든 거주민들에게도 금지된다.

그러다가 그 사람이 죽고, 애도하는 기간 동안 정화, 즉 "죽은 이에게 속했던 모든 것들"을 씻는 것(la hlamba ndjaka)과 "죽음의 저주와의 싸움"이 시작된다.

그런데 그 황폐화, 즉 오염은 성 행위로밖에 정화되지 않는다.

의례가 행해지는 날, 그 부족의 남성들과 여성들은 서로 떨어져서 모인다. 그때 정화 의례를 제일 처음 시작하는 것은 죽은 사람과 가장 가까운 부부로써, 제일 더럽혀졌다고 생각되는 사람이거나—아니면, 그 전에 있었던 절제의 금지를 어긴 부부이다. 따라서 그 부부는 미개간지에 멀리 떨어져 있어야 하고, 성 행위를 해야 하는데, 성교를 하다가 중단해야 한다. 더렵혀진 정자가 여성의 몸에 들어가서 똑같이 더렵혀진 자궁의 분비물과 섞여서는 안 되기 때문이다. 그때 여성은 그녀의 두 손에 더렵혀진 생명의 물(정액)을 담고, 또 다른 생명의 원천인 배꼽에 도유(塗油)한다. 그 다음에 그 부부는 서로 다른 길을 통해서 마을에 들어가고, 여성은 더렵혀진 그녀의 손을 씻는다.

모든 부부들은 그 부부가 한 것을 따라서 해야 한다. 그리고 그 여성이 손을 씻은 장소는 남성들이 "장독"(瘴毒, 파스퇴르가 세균을 발견하기 전에 모든 전염병의 원인이 된다고 생각한 독성—역자 주)을 땅에 묻기 위해서 발로 밟으면서 정화된다.

어린이들과 노인의 옷들 역시 똑같이 정화시켜야 한다.

마지막으로 거기에 참여했던 부부들은 강에서 목욕하는데, 남성들은 상류, 여성들은 하류에서 한다.

여기에서 우리는 병, 죽음, 오염, 성 사이의 밀접한 관계를 볼 수 있다.

또한 우리는 정과 부정의 변증법이 삶과 죽음의 기본적인 양극성의 한 가운데서 작용하는 것을 본다. 죽음에 있는 부정한 것이 생명의 정한 것의 원천들까지 감염시키는 것을 보는 것이다: 정액, 자궁의 분비물(통가 사람들은 그것을 정액처럼 보았다), 몸을 나타내는 소우주의 거룩한 중심으로서의 배꼽 등이 그것이다. 그들에게서 죽음에 의해서 "황폐하게 된" 정액을 뽑아내는 일은 너무 중요해서, 마을 사람 가운데 하나가 사정(射精)을 하지 못하게 되면, 마을의 모든 예식은 중단되고, 그 사람은 엄격하게 금식(禁食)해야 하고, 그것을 통해서 감염된 정액을 분출할 수 있는 힘을 되찾아야 한다.

"상을 당해서 생긴 슬픔을 치유하는 것"은 병균이 생명의 살아있는 원천까지 "감염시킨" 진원(震源)을 없애버리려는 것을 의미한다.

과부들을 정화시키는 의식도 그에 못지않게 중요하다. 사람들은 그녀들에게 "우리에게 또 다른 불행이 오기 전에 그 지역에 가서 저주를 흩어버려라"는 명령을 하면서 이웃 마을에 보낸다(그때 증인을 위해서 친구 하나가 같이 간다). 과부들은 그렇게 하기 위해서 친척을 찾아간다는 구실로 이웃 씨족으로 가서 남자를 유혹하려고 한다. 그러나 그녀들이 남자들을 유혹한 다음, 그녀들은 정액이 그녀들의 몸으로 들어와서 더렵혀진 자궁의 분비물과 섞이게 해서는 안 된다. 그들과 성관계를 맺을 때, 그들의 정액이 그녀의 자궁에 들어오게 해서는 안 되는 것이다. 그때 이웃 마을의 남성이 그 사실을 알아채면, 그는 그녀가 자신을 "죽이려고 했다"고 소리친다. 그리고 그는 그녀를 붙잡아 두고, "끝장에 이를 때까지" 강간하기 위해서 그의 친구들을 부른다. 그러면 그는 깨끗한 채로 남게 되고, 그녀는 수치와 절망 가운데 "슬픔에 사로잡혀서" 더러움에서 벗어나지 못하게 된다. 그와 달리 그녀의 자궁에 사정하지 못하게 한 여성은 마을에 들어서면서 기쁨에 겨워서 "나는 슬픔과 싸웠고, 슬픔을 정복하였다"라고 외친다.

그런 여성에게 유혹당하여 자신의 정액을 더렵혀진 여성의 "분비물"에 사정을 한 남성은 죽음으로부터 벗어나기 위해서 마을에 있는 마법사에게 가서 상의해야 한다. 그가 그 여성의 속옷의 한 조각이라도 구하면, 마법사는 그것을 그의 환자가 이글이글 타는 숯불 위에 태우게 하면서 그것을 삼키거나 흡입하도록 마술적인 약을 만들어준다.

그것은 생리의 마지막 무렵, 생수로 아직 정화되지 않은 여성과 교접하여 더렵혀진 남성에게 행하는 의식도 똑같은 것이라는 사실을 주목해야 한다.

우리는 여기에서 “비슷한 것”에 의한 치료 원리에 대한 생각을 찾아볼 수 있다. 동종요법(*similia similibus curantur*)을 볼 수 있는 것이다.

한편 “슬픔에 사로잡혀서 정복당한” 과부는 마을에서 축하연을 열어준다. 그리고 정화는 그 씨족의 모든 과부들로 구성된 일종의 입문의례 모임(société initiatique) 가운데서 이루어진다. 그때 그녀는 “하의”를 바꿔 입고, 증기욕을 해야 한다. 저녁이 되면 그녀는 그녀의 오두막에서 그녀에게 잠시 배정된 남성을 받아들이고, 그와 함께 애도작업을 수행한다. 그래서 그들은 오두막에 갇혀서 정화제(淨化劑)를 마시고, 정화제와 같은 효과가 있는 환약을 태운 숯 위에서 지내며, 두 팔과 두 다리에 연기를 쪼인다. 그 다음에 오줌을 누어서 불을 끄고, 가능한 만큼 결합하지만, 그때마다 성관계를 중단한다. 그들이 치명적인 더러움에 너무 가까이 있어서 출산하는 것을 피하기 위해서다.

성행위는 다른 상황에서는 아주 위험할 수 있지만, 죽음이 임박한 임종의 순간에는 고도의 정화제로서의 역할을 담당한다. 여기에서 우리는 무엇보다도, 거룩한 존재와 거룩한 대상과 거룩한 행위는 매우 깊고, 절대적인 양가성을 지니고 있다는 사실을 알게 된다. 그것이 어떤 것이든지 간에 거룩한 대상에는 경이로운 힘(폴리네시아인들이 말하는 마나, *mana*)이 담겨 있는 것이다. 그 힘이 “신적인 것”에 부어질 때 사람들에게 유익한 작용을 할 수 있는 만큼, 똑같은 같은 정도로 반대 방향으로 나아가 파괴적이고, 치명적인 에너지가 되어 “악마적인” 작용을 하기도 한다.

우리는 인간 본성의 기본적 양가성을 다시 살펴볼 텐데, 그것은 인간의 의식이 내가 생각하기에 공작인(工作人, *homo faber*)과 사유인

(思惟人, *homo sapiens*)보다 앞서는 종교적 인간의 환경(umwelt) 속에서 동물적 무의식으로부터 생기는 그 시원으로 돌아가는 것을 보게 되는 것이다. 그 다음에 우리는—우리가 살펴본 성적인 것의 양가성으로 돌아가기 위하여—정화 의식에서 성행위가 중절(中絶)된다는 사실을 주목해야 한다. 감염된 정액이 섞여서는 안 되는 것이다. 그때 출산은 불가능하다. 그런데 본래적인 정신 상태에서—아니면 본래적 상태도 벗어나는 상태에서—여성을 임신시키는 것은 자연을 비옥하게 하는 것과 같은 일이다. 하지만 어로(漁撈)철이나 사냥철에 성적 결합은 물고기나 사냥감을 너무 활기차게 할 위험이 있어서 그것들을 잡지 못하게 할 수도 있다.

우리는 여기에서 인간의 성적인 힘으로부터 시작하여 자연의 모든 힘이 연속성이나 근접성 원리를 따라서 전달되는 모방주술이나 공감주술을 본다. 그러므로 사냥감, 물고기, 병 등을 약화시키거나 진정시키는 것이 중요한 것들 옆에서는 모든 성관계를 피해야 하고, 그와 반대로 흥분시키는 것이 중요할 때, 즉 전사(戰士), 땅을 비옥하게 할 때, 마을을 건설할 때 등에는 그 곁에서 격렬한 성관계를 행해야 한다. 우리는 이 불완전한 성교에서 그 어떤 열정도, 사정(射精)의 야성도 찾아볼 수 없다. 따라서 죽음과 관계된 병은 분기(奮起)되지 않을 것이다. 그 대신 사악한 것을 쫓아내기 위해서 "병든" 정액은 사출되어야 하고, 그것을 정화시키며, 그와 반대되는 치유적이고 구원적인 것으로 되돌려 놓아야 한다.

우리는 여기에서 감염원인 시체와 결부된 전염 모형에서 생긴 질병의 전형적인 도식을 본다. 거기에 붙어 있던 "영"은 그와 가까웠던 사람들의 정액에 파고 들어가고, 전염병처럼 그 씨족의 모든 사람들에게 퍼지며, 심지어 그 부족 전체와 그 부족의 자연 환경까지 감염시킨다. 그 역병(疫病)은 생명을 전달하지만, 지금은 죽음의 싹과 관계된 분비물들을 추방함으로써 정복된다. 분비물들을 정화시키고(항생물질요법을 연상하게 한다), "동종요법"으로 확정하는데, 사람들은 그 분비물들이 닿았을 가장 가까이 있던 이들의 옷을 소독하고, 그 "장소들"을 소독함으로써 역병이 퍼지는 것을 막는다.

원주민들에게서 결혼한 부부들은 생리중인 여성들처럼 뜨겁다. 그 열은 좋기도 하고, 나쁘기도 한데, 그 이유는 그것이 생명을 불태우거나, 증진시키고, 정화시키기 때문이다.

성행위에서 나오는 분비물들—성행위 역시—은 "전염"의 감염원이며, "항생물질의" 요소로서 더러움과 죽음은 물론 동시에 깨끗함이나 생명과 관계된다.

더 나아가서 아이가 출생했을 때 하는 정화의례들 역시 죽을 때 하는 정화의례들과 매우 비슷하다. 이제 막 해산한 산모는 피로 더럽혀져서 공동체로부터 제외된다. 그래서 그녀를 정화시키려고, 약들이 처방된다. 그녀의 남편은 신생아에게 탯줄이 떨어지기 전에는 산모가 있는 오두막에 들어가지 못한다. 그때 산모의 어머니는 그 오두막에 들어오는 그 어떤 사람도 감염시킬 위험이 있는 피 자국을 모두 없애기 위하여 바닥에 있는 진흙을 바른다(모든 여성들은 생리가 끝날 때도 똑같이 한다). 해산으로 인한 부정(不淨)의 종료 신호는 산모가 월경을 다시 시작하는 것이다. 그때에야 비로소 신생아—그 아이도 깨끗하게 되었다—의 아버지도 그 아이를 품에 안을 수 있다. 그러나 부부의 성관계가 정상적으로 이루어지는 것은 아이가 걷기 시작할 때부터이고, 그 전까지는 완전하게 이루어질 수 없다. 이때에도 아이의 엄마는 그녀가 할 수 있는 만큼 남편의 정액을 손에 담아서 아이의 허리에 두른 노끈에 바르는데, 그것은 이제 아이가 명부(冥府)에서 나와서,

"법" 안으로 들어왔다는 것을 표시하는 것이다(아이가 죽음의 세계로부터 왔다면, 아이는 그때까지 쌍둥이들, 조산아들, 신에게 버림받은 악인들, 괴물들과 함께 저주받은 땅에 묻혀 있었다는 것이 된다).

그때부터 신생아는 비로소 탄생되는데, 그 의례가 행해지기 전 아이는 "법 바깥에 있었고", 신에게 버림받고, 저주 받은 사람들과 함께, 거기에서 어떻게 빠져나갈 수 있을지 모르면서 지내고 있었다. 더구나 그 아이의 형은 그의 "길을 막고" 있었으며, 비쩍 마르고, 무기력하고, 마비된 채 명부에 있었다.

한 아이로부터 다른 아이에게로 승계가 이루어지는 절차는 아버지로부터 아이에게 승계가 이루어지는 규칙처럼 엄격하다(오이디푸스의 경우를 참조하시오). 그 승계는 자연적 질서를 문화적 질서로 변형시켜서 만든, 그가 속한 집단이 요구하는 세부적인 절차를 따라서 특정한 시간과 형식 안에서 이루어진다. 거기에서 벗어나면, 곧 저주가 뒤따른다. 그 질서를 침해하는 것은 생명의 질료(정액들)를 가운데 두고 생명의 강력한 생산 원리를 떠나, 강력한 파괴적 원리가 뿜어져 나오게 하는 것을 의미한다. 위반은 곧 분리되어야 하는 것을 뒤섞어버리는 것이다. 성스러운 것-세속적인 것, 생명과 죽음의 양극성 가운데서 정한 것과 부정한 것을 뒤섞는 것이다.

그런 상황에서 종교는 무시무시하면서 동시에 매혹적인 에너지를 "관리하는" 역할을 한다.[3]

# 제2장
## 신성력[4]

우리가 앞에서 살펴보았듯이, 종교적 인간은 두 극, 즉 어떤 형식으로든지 생명을 불어넣는 극과 불결–질병과 죽음의 공포라는 극 사이에서 산다. 그 두 극 사이에 사람들이 열정이나 공포나 고뇌 없이 생각하고, 행동할 수 있는 다소 좁은 공간이 있는데, 그곳은 거룩한 공간과 반대가 되는 속적인 공간이다. 성과 속이라는 두 세계는 서로 침투하고, 서로를 전제로 하며, 서로를 배제시킨다. 그것들은 "의식에 직접적으로 주어진" 어떤 절대적인 것이다. 인간의 의식이 동물적 명계(冥界)로부터 파생되었기 때문이다. 그 세계들은 저절로 알게 되는 본능에 의해서 지각되는 세계이다. 그 세계에서는 살아있는 물체들에서 느껴지는 역동적인 힘 때문에 강력한 감정이 일어나고, 그것들은 물체들과 행동들과 존재들을 활성화시키면서 투사된다. 또한 죽은 것 같은 물체의 "내면"을 활성화시키고, 우리 자신의 생물학적 기관들의 상태에 일치되거나 정반대로 진동하는 역동적인 힘 때문에 강력한 감정이 일어난다. 종교적 인간이 그 새로운 세계를 지각하고, 깊이 느끼며, 인식할 때, 그는 그 세계를 인격적이면서 동시에 비인격적으로 지각한다.

인간의 모든 지각에는 본래 인격적인 것과 비인격적인 것의 양극성이 존재한다. 사람들은 이 세상에 있는 모든 것들을 경험하며 살기 때문에 먼 옛날부터 우리 안에 존재하는 내적 충동들이 비인격화될 때,

우리는 그 충동들을 외부에 있는 대상에게 투사하거나, 환각 체험을 하고는 한다.[5] 인격화되는 것은 우리가 그에 해당하는 외부의 대상을 알기 때문에 우리가 그것을 의식의 장(場)에서 파악하고, 두뇌의 어느 곳이나 또 다른 곳에 집어넣고 파악하는 것이다.[6] 인간에게는 항상 이 두 가지 영역, 즉 내적인 영역과 외부의 영역이 있는데, 생물학적 충동이 작용할 때, 그것은 그에 대응하는 외적 대상을 통해서 나타날 수도 있다. 두 명의 메신저가 서로 맞는지 확인하려고 가져온 어떤 물체(반지나 동전이나 금속 패 등)의 나누어진 두 반쪽을 맞춰봄으로써 우리는 본래의 약속을 상기할 수 있고, 그것을 통하여 분쟁을 피할 수 있는데, 그것을 상징이라고 한다. "내가 그 반쪽을 간직하고 있는 반지나 동전이나 잘라진 금속 패(牌) 등은 이미 기호 가운데 기호이다. 그것들은 다시 통합될 만남을 기약하고 있다. 내가 가진 눈에 보이는 반쪽은 눈에 보이지 않는 다른 반쪽과 관계되고, 다른 반쪽을 가진, 지금 여기 없는 사람을 나에게 데려온다. 내가 가진 조각을 바라보면서 그 사람을 생각하듯이, 그 사람 역시 그에게 있는 그 조각을 통하여 생각 속에서 나와 연결되어 있다. 그 두 반쪽을 가까이 하고, 우리에게 있는 두 개의 것을 하나로 합치는 날이 오지 않을지라도, 그 다른 것, 즉 지금 여기 없고, 멀리 있는 것은 내가 간직하고 있는 기호 덕분에 내 생각 속에 여전히 남아 있다. 나는 그것을 기다리고, 언제나 그것을 만나서, 하나가 되기를 바란다."[7]

시인(詩人)은 이렇게 읊었는데, 그에게서 "상징적 사고는 존재를 판단하는 극적인 기준이 된다. 그 판단 근거—신명재판(프랑크 족의 재판 방법으로 신이 개입하여 그 사람의 죄의 유무를 판정한다는 사고에 근거하여 재판하는 제도-역자 주)도 비슷한 것이라고 할 수 있다—는 술래잡기 같은 것이고, 연극에서 남녀가 교대로 뛰쳐나오는 장면과도 비슷하다. 그것은 정말 복잡하고, 독특하며, 의심스러운 놀이이다. 거기에서 영(靈)은 인식되기를 바라면서 동시에 인식되지 않기를 바라고, 그 영의 근저(根底)에 있는 존재는 파악되기를 바라면서 동시에 파악되지 않기를 바란다. ... 상징은 갈라진 물체의 두 반쪽으로 되었지만, 우리가 그것들을 가까이 가져갈 때 접근을 불허하는 기호이다." 내가 가진 그 반쪽은 끊임없이 나에게 타자의 존재를 증언하지만, 그가 만약 존재하지 않는다면, 그것은 나를 유아론적 환상에 빠지게 한다. 이 세상에 있는 모든 것들은 세상의 반쪽이며, 그 나머지 반쪽과 더불어 상징을 만드는 반쪽을 만나지 않은 채 소멸되기도 한다.

그래서 이 세상에 있는 모든 것들, 즉 식물, 동물, 돌, 나무 등은 물론 그 어떤 공간이나 시간들도 거룩한 것의 관리자가 될 수 있다. 이 세상에 거룩한 것을 박탈할 수 있는 것이 아무것도 없듯이 거룩한 것이 드러날 수 없는 시간과 공간은 하나도 없다. 세상에 있는 (외부의) 물체들에 거룩한 것이 들어찬 순간부터, 그것들은 두려운 감정과 매혹적인 감정과 존경의 감정을 동시에 불러일으킨다. 그것은 "금기"나 "금지"가 되고, "죽지 않으려면 다가가서는 안 되는 것"으로 된다. 그것들이 드러내는 힘은 언제나 벼락처럼 터져 나오고, 분출되려고 한다. 사람들은 그 힘을 효율적으로 전하기 위해서 그것이 규정하는 법칙과 그것이 부과하는 것들을 따라서 제의를 하는데, 그것은 세상의 질서와 온전한 상태를 유지하기 위해서이다. 건강법을 잘 지키는 사람이 건강한 것과 같은 원리이다.

우리는 여기에서 질병의 두 번째 관념, 즉 금기의 위반에 의해 위축된 결과 생긴 질병을 보게 되는데, 거기에 대해서는 다음에 다시 설명할 것이다.

R. 까유아는 "결국 거룩한 것은 그 신봉자에게 불이 아이들에게 불러일으키는 것과 완전히 똑같은 감정을 불러일으킨다: 그 불 때문에 타지 않을까 하는 두려움과 불을 붙여보고 싶은 욕망을 일으키는 것이다. 그것은 금지된 사물 앞에서 두근거리는 감정, 또는 그것을 정복할 때 힘과 위신을 얻을 수 있을지 모른다는 믿음과 동시에 실패했을 때 부상당하거나 죽을지도 모른다는 두려움을 수반하는 감정이다. 불이 사람들에게 선과 악을 동시에 만들어내듯이 거룩한 것도 길한 것과 불길한 것을 동시에 가져다주고, 정(淨)과 부정(不淨), 성(聖)과 불경(不敬)이라는 정반대되는 특성을 모두 담고 있다"라고 말하였다.

거룩한 것을 담은 모든 물체는 이율배반적이고, 상호보완적인 두 극으로 분해된다: 욕망과 배척, 매혹과 떨림, 사랑과 미움 ... 그것은 우리가 위에서 인간의 본래적인 본성에 타고난 것이라고 말한 양가성의 자리가 된다.

정신분석가들은 갓난아기들은 생후 첫째 주와 몇 달이 지난 다음부터 세상에 있는 대상들을 "좋은 것"과 "나쁜 것"으로 구분하면서 그런 양가성을 보인다고 주장한다.

우리는 갓난아기의 신체에 기반을 둔 성격의 원시적 단위로부터 분열된(spaltung) 형태의 정신에 기반을 둔 성격이 생기는 것을 본다. 어머니의 자궁 안에서 지복상태[8]에 있던 갓난아기가 출생할 때 겪는 외상[9]과 수유과정에서 있을 수 있는 초기의 결핍 체험[10]으로 인한 좌절은 어린아이에게 외부세계, 특히 무엇보다도 어머니로 대표되는 외부세계에 공격적 반응을 하게 한다. 그것은 처음에는 어머니의 젖가슴을 향하고, 그 다음에 얼굴로 가는데, 그 "부분 대상"[11](젖가슴과 얼굴)을 "나쁜 대상"으로 삼는 것이다. 그러나 그 대상들이 그에게 쾌락을 제공하고, 나중에는 즐거움(음식물과 미소와 안전)을 제공하기도 하므로, 그 대상들이 동시에 "좋은 대상"들로 되는 긍정적 에너지(리비도)가 부어진다.

그러므로 어머니의 젖가슴과 얼굴, 그리고 나중에는 몸 전체는 유아(乳兒)들에게 양가적이다. 그것들은 우리가 위에서 거룩한 것이라고 정의한 생명과 죽음에 관한 전능성의 소지자이다. 또한 우리는 위에서 상징—언어라는 기본요소로 되어있는—은 충동을 나타내는 내적 대상(예를 들어서 말하자면 파괴의 충동, 또는 창조의 충동, 사랑의 충동)과 그에 해당하는 외적 대상(젖가슴이나 얼굴, 그 다음에 어머니의 전체)의 결합으로 이루어진다고 주장하였다. 생애 초기, 아이가 세상을 체험하는 것과 지각하는 것에서 내적 대상은 외적 대상보다 더 지배적이다. 그러므로 좋은 대상과 나쁜 대상이라는 것도 아이가 그 사람이 본래 가진 양가성을 해석해서 생긴 것이다. 그 단계에서 아이의 세상에 대한 지각은 우선적으로 환각적이다. 실제로 있는 외적 대상은 "구멍이 숭숭 뚫려 있으며, 지극히 상대적인 것이다": 그것은 객관적이고, 주제적이며, 질서정연하고, 합리적으로 되기 전에 주관적인 지각으로 만들어진 것이라는 말이다. 이 세상에 대해서 자기 나름대로 주제를 가진, 질서정연하고, 합리적인 파악 이전에 이루어지는 지각을 가리켜서 민속학자들은 물활론(animisme)이라고 불렀고, 정신분석가들은 투사(projection)[12]라고 불렀다.

실제로 외부에 있는 대상은 합리-이전의 환각적 지각을 약화시키는—아니면 강화시키는—주된 기능을 수행한다. 어린아이—또는 본래적인 인간—에게 점점 젖가슴 자체는 좋은 것도 아니고, 나쁜 것도 아니라는 것이 드러나고, 마지막에 어머니가 전체적으로 좋은 사람도 나쁜 사람도 아니라는 것이 드러난다. 그것들은 그것들일 뿐이고, 좋은 것과 나쁜 것도 각각 한 부분일 뿐이라는 것을 알게 된다. 그렇게 되면서 그에게—어린아이나 본래적 인간—그것들은 익숙해진다. 어쨌든 이 세상에 "나쁜" 대상들은 존재한다: 젖이 나오지 않는 가슴, 험상궂은 얼굴, 탐욕스러운 어머니, 해롭고, 황폐하게 되는 자연물 등이 있는 것이다. 우리가 방금 말했듯이, 어린아이들은 하루 하루 그것들에 적응하지만, "방어기제"에 의해서 그것들로부터 보호받을 수 있도록 해야 한다. 방어는 외부에 있는 해로운 대상에 대해서 뿐만 아니라 똑같은 정도로 주관적 요소에 대해서도 이루어져야 한다. 더구나 우리가 지금 강조했듯이, 삶의 초기 단계에서 주체와 대상—개인적인 것과 집단적인 것—은 거의 분화되지 않았다. 나쁜 젖가슴에 복수하면서 젖을 거부하는 젖먹이(거식증)는 어머니를 처벌하는 만큼 그 자신도 처벌한다. 어머니의 "탐욕스러운" 젖가슴과 젖먹이의 식인성(食人性)은 루돌프 오토가 "신성한" 대상이라고 정의한 신적 대상과 악마적 대상과 점점 완전히 혼동된다(아이들은 어머니와 관계가 좋지 않을 때, 어머니의 젖가슴이 자신을 잡아먹으려고 한다는 환상을 가지며, 어머니가 젖 먹을 때가 지난 다음 배가 많이 고플 때 젖을 먹이면 어머니의 젖을 파먹으려고 맹렬하게 달려드는 것을 이렇게 표현하고 있다—역자 주). "루멘(빛)이 밝게 한다면 누멘(신적인 것, 악마적인 것)은 신성하게 한다."

그 대상의 특성은 무엇인가?

1. 그는 무엇보다도 먼저 우리 자신의 불충분함과 한계와 무능력을 일깨우면서 우리가 그에게 완전히 의존하게 하는 감정을 불러일으킨다. 그것은 "우리가 우리 자신의 무(無) 속으로 깊이 빠져들고, 우리를 완전히 깨부수는 듯한 존엄한 분 앞에서 소멸되는 피조물적 상태에서 느끼는 감정"이다. 아브라함은 야훼께 감히 소돔의 거주민들을

풀어달라고 청할 때, "티끌과 재에 불과한 제가 감히 당신께 말하나이다"(창 18:27)라고 부르짖었다.

2. 그 깊이 의존하는 감정은 피조물이 전능한 대상 앞에서 압도되는 두려움에서 나오는 그림자이다. 그 두려움은 공황발작을 일으키는 공포로까지 발전한다.

이 세상에서 악몽을 꾸었을 때나 아직 어렸을 때 밤중에 공포를 느끼고 그런 정동에 빠지지 않았던 사람은 하나도 없을 것이다.

공포증에 걸린 환자들은 그들의 정신구조의 어느 구석에 박혀 있는 그 원시적이고, 무시무시한 대상에 감금된 매우 훌륭한 예들을 보여준다. 그것은 어떤 정신분석가들이[13] 말하는 "지하 납골당" 같은 것이다. 거기에는 유령이나 흡혈귀의 시체가 있고, 그것들은 우리가 알고 있듯이 매일 저녁부터 자정까지 "다시 살아나" 떠돌아다녀서 그 납골당을 지키는 파수꾼들을 공포에 떨게 하며, 그들은 도망치거나, 정신을 잃기까지 한다. 정도가 덜 심한 경우, 사람들은 공포 때문에 다리를 건너가지 못하거나, 지하철을 타지 못하거나, 엘리베이터를 타지 못하기도 한다. 그들에게 그것들은 신성한 것인 만큼 가장 불합리한 방식으로 두려움을 불러일으킨다. 환자들 자신도 다리나 지하철이나 엘리베이터가 그렇게 부정적인 감정을 크게 불러일으킬 만하지 않다는 사실을 잘 안다. 정신치료가 이루어지는 과정에서 환자들은 본래의 어떤 신성한 것이 실제의 대상 안에서 환각을 일으켰다는 사실을 알게 되지만, 그러한 의식화가 단지 지적인 것으로 머무를 경우 그들의 공포심을 없애주지는 못한다. 비합리적인 것이나 초합리적인 것은 똑같이 비합리적이거나 초합리적인 힘을 가진 것에 의해서만 처치되기 때문이다. 본래 모든 물체는 두려운 법이다. 그래서 아이들은 새로운 장난감을 받으면, 길들이는데 애를 먹는다.

3. 신성한 대상에 의해서 불러일으켜지는 두려움에는 종종 사람을 전율하게 하는 신비감이 덧붙여진다: 무시무시한 신비(*mysterium tremendum*)가 그것이다. 그 신비감에서 나오는 파동의 진폭이 약할 경우, 그것은 사람들이 내면으로 들어가서 묵상하는데 도움을 준다. 그것이 강할 경우, 사람들을 황홀경이나 열광 상태나 엑스터시에 빠지게 하고, 귀신들린 사람이나 미친 사람처럼 경련을 일으킬 정도로까지 갈 수 있다. 또한 그 신비감은 사람들에게 혐오감을 불러일으키거나, 유령이 출몰할 때 같은 공포를 일으키기도 한다. 그것이 그리스인들이 말하는 "공황적 공포"(*frayeur panique*)이고, 야훼가 악마를 보내서 사람들에게 파고 들어가 마비시키려고 했을 때 말하는 "하느님에 대한 공포"이다. 그것은 "거룩한 공포"인데, "영들"에 의한 두려움은 무시무시한 신비가 상당히 수준이 낮아진 것이다. "본래 어떤 '불길한' 것에 의한 감정에서 나오고, 원시인의 영혼에서 이상하게 새로운 것처럼 생긴 그 '공포'로부터 종교사의 모든 것은 시작된다. 악마들과 신들의 기원은 거기에 있다."[14] 그리스인들에게 있어서 정신질환은 신들이 보낸 "거룩한 질병"(*maladie sacrée*)이었다. 동시에, 종교적 엑스터시와 트랜스 상태는 본래 미친 것이었다.

"신성한 공포"는 모든 원시종교의 밑바닥에 있는 정동(émotion)이다. 그리고 "신성한 감정"은 그 원시적이고, 악마적인 공포가 발전하여 점점 더 세련되고, 정화되며, 승화된 형태로 나아간 것이다. 그때 그 감정은 긍정적 감정으로 평가되지만, 그 감정에서 악마적이고, 유령 같으며, 원시적으로 불길한 특성이 완전하게 가신 적은 한 번도 없다. 결국 거기에는 고태적이고, 신성한 것에서 나온 것이 담겨져 있다.

"야훼의 분노"(colère de Jahvé)는 유대-기독교 신자들에게 언제나 충격적인 것이었다. 그것은 본질적으로 불의 원천에서 나온 산물처럼 타오른다. 야훼의 분노는 예측하거나 헤아릴 수 없는 열정이나 변덕처럼 자의적이고, 조용한 하늘에서 터져 나오는 천둥 같다. 그 안에는 그 어떤 합리적인 요소도 없다. 그것은 특별히 무시무시한 것이다. 지극히 신성한 대상으로서 모든 신들은 그들에게 고유한 양가성을 지니고 있다.

4. 우리는 어마어마함과 두려움에 절대적 위엄을 덧붙여야 한다. 거룩한 것은 위엄이 있는 어마어마함이며, 사람들에게 경련을 일으키는 존엄이다. 그러므로 종교적 겸손의 토대 앞에는 무(無), 공(空), 열등성, 무능력의 토대가 있어야 한다. 비탄에 잠긴 사람(특히 병적 우울증에 빠진 사람)이 그의 헤아릴 수 없는 무력감과 지극한 죄책감과 한없는 슬픔, 절대적인 당황, 마지막으로 자살할 것 같은 마음을 정당화시키려고 탄원할 수 있는 토대가 있어야 하는 것이다.

5. 우리는 어마어마함에 있는 말로 다 표현할 수 없는 공포에 매혹이라는 탁월한 광채를 덧붙여야 하는데, 그것은 사람들을 사로잡고, 모순을 무화시킬 정도로 사람들을 이끈다. 대극의 일치를 가져오는 것이다. 그 매혹은 거룩한 것에 도취된 형태로 나타나고, 열광과 디오니소스적인 엑스터시, 신성혼(사람들을 변환시키는 거룩한 성적 합일) 등을 가져오게 한다. 그것이 정신병리적으로 나타나면, 사투르누스적인 조증(그 전에 울증이 깊다가 기분이 고양되는 조증)이 된다.

6. 신성한 것은 에너지의 진정한 중심이다. 어떤 때는 사람들을 고양시키고, 어떤 때는 의기소침하게 한다. 예를 들어서 말하자면, 황제-신 미카도(Mikado)에게는 신성한 에너지가 있어서 사람들은 그가 음식을 먹으면, 그 접시를 깨뜨려야 했다. 그렇지 않고 그의 신하 중 하나가 실수로 그 접시를 쓰기라도 하면, 그의 입은 불타버리고, 썩어버린다.

그래서 사람들은 신적인 왕이 그의 에너지를 상실하지 않도록 잘 보호해야 했다. 그 에너지는 규칙적으로 퍼지면서 천천히 나누어져서 그의 나라와 신하들과 자연에서 올바르게 작용할 수 있게 되어야 한다. 성인(聖人)이 가리키고, 명명하거나 만진 것은 성별된다. 그때부터 그것은 그를 위해서만 사용되어야 한다. 그가 접촉한 순간부터 그것은 치명적인 것이 되었기 때문이다. 모든 신비가들은 신의 사랑이라는 "거룩한 불"을 잘 알고 있는데, 그 불은 그들을 불태워서 신비가들은 때때로 그들이 불에 타죽지 않으려고, 그 불로부터 벗어나게 해달라고 빌 정도였다.

# 제3장
## 본래의 마을: 거룩한 공간, 집단적 만달라

우리가 앞에서 살펴본 것처럼 신성한 대상의 거소(居所)는 어디나 될 수 있다. 그럼에도 불구하고 신적인 세력들은 중앙에 있는 토템 기둥에 머물러 있고, 그 기둥 둘레에 희생제단이 있으며, 추장의 오두막과 일반 사람들의 집이 그 뒤에 모여 있다. 어느 누구도 원심적(遠心的)인 강력한 에너지의 중심에 가까이 가지 않는다. 특히 아직 개간되지 않은 덤불의 신비 주변에는 온통 해로운 에너지들이 지배하고 있다. 우선 거기에는 생리중이거나 임신한 여성들, 희생자의 피를 묻혀서 더럽게 된 전사들, 환자들, 괴물들을 가둔 추방된 자들의 오두막이 있다. 그보다 더 멀리에는 믿음도 법도 없는 세계인 개간되지 않은 덤불의 어둠이 있는데, 거기에는 모든 더러움, 병, 죽음이 있다. 우리가 사는 마을과 도시의 구조는 아직도 집단적 "만달라"를 반영한다. 신도들은 토템 기둥과 신성한 불 주위를 북의 리듬에 맞춰서 도는데, 몸의 오른쪽은 밝고, 길한 쪽을 향하고, 몸의 왼쪽—바르지 않은 쪽—에는 방패를 들고, 어둡고, 불길한 바깥쪽을 향한다.

우리는 여기에서도 거룩한 것의 양극성을 확인한다. 위를 향하고, 보호하는 전능한 힘을 발산하는 중심을 향해서 나아가는 것과—상대적으로—미개간지의 음침한 심연을 향해서 나아가고, 주변을 향해서 나아가는 것을 볼 수 있는 것이다. 그 사이에 좁은 원형의 띠 같은 지역이 있는데, 그곳은 세속적인 공간이다. 사람들은 거기에서 두려움과 무시무시함을 느끼지 않으면서 일상생활을 영위한다. 그러나 그들이 발을 그 중심에 너무 가까이 가게 하거나, 그 주변으로 가게 하면, 그들은 병에 걸리거나 죽는다. 마을은 사람들이 그 무시무시한 물결과 하늘 가운데서 겨우 정복할 수 있는 섬 같은 곳이다. 하늘에서부터 햇빛, 비, 공기는 물론 우리가 하늘로부터 온다고 상상할 수 있는 모든 것들이 온다. 그러나 미개간지로부터는 어둠, 야수, 파충류, 괴물은 물론 우리가 악한 영으로부터 온다고 상상할 수 있는 모든 것들이 온다. 마술사, 샤만, 주의(呪醫)는 그 씨족이나 부족의 집단적 토템의 세력과 때때로 맞설 수 있는 개인적인 보호령을 얻는 입문의례를 치르기 위해서 반드시 그곳에 가야 한다. 그래서 그는 두려움을 느끼게 하는 주변인(周邊人)이다. 그는 그 자신의 보호령의 도움을 받아서 주위에 있는 불길한 세력들과 계약을 맺은 대표자이다. 마술사는 그 씨족의 온전한 일원이 아니다. 사람들은 그를 피하거나 몰아세우기도 한다. 그는 미개간지에 사는 해체의 신성(sacré de dissolution)을 육화한 존재인데, 까유와는 해체의 신성은 집단적 토템에 응집된 신성에 맞서기 위한 것이라고 하였다.[15] 우리는 그가 씨족 안에서 희생양—또는 핍박자—역할을 하는 것을 본다. 결국 그는 그가 속한 영역을 뛰어넘고, 금지를 벗어나서 저주로 나아가도록 허가받은 사람이다. 그밖에도 저주와 거룩함을 이어주는 위반의 길은 신성모독, 회심, 금욕 등 많이 있다. 성인도 역시 사회의 주변부에 있으며, 똑같이—중심으로 나아가고, 위로 올라가면서—속된 영역의 경계를 넘는다. 거기에서부터 우리는 그가 수호령이나 보호령의 역할을 하는 것을 본다. 그러나 그 역시 때때로 박해받고, 심지어 순교하기까지 한다.

성인은 마술사의 그림자이고, 마술사 역시 성인의 그림자이다. 성인 앞에서 악마를 찾으라, 그는 그렇게 멀리 있지 않다. 더구나 진정한 성인은 그 사실을 잘 알고 있으며, 끊임없이 악마와 대화한다. 성인과 마술사는 신성이라는 같은 체계에 있는 두 축이다. 로마사람들은 거룩한 것(sacer, sacré)은 그와 접촉해서 그것을 더럽게 하고, 더럽혀지지 않을 수 없는 것이라고 강조하였다. 사체르(sacer)와 접촉한 다음에는 근친상간을 하거나, 살인을 하거나, 생리기간에 있는 여성과 정을 통하게 된다는 것이다.

오스트레일리아의 마을 사람들 하나하나는 그들 안에 모두 그런 세계가 담겨 있다는 사실을 우리에게 알려준다.

정신분석가들이[16] 자아라고 부른 것은 여기에서 볼 때 속된 영역이고, 이드는 미개간지와 거기에 있는 동물적이고, 악마적인 힘들이며, 초자아는 토템과 토템의 입법(立法) 능력이라고 할 수 있다. 또한 융이 말한 그림자는 여기에서 그것이 거룩하든지 아니면 마술적이든지 상관없이 희생양이나 희생양적인 패러다임에 해당된다. 그것은 우리가 부인하고, 억압하며, 억눌러버린 우리 자신의 어떤 부분, 또는 무의식성 때문이거나 힘이 약해서 아직 실현되지 않은 부분이다. 아직 존재화 되지 않았고, 실현되지 못한 부분인 것이다. 그 부분은 누멘(numen)이라는 역동적인 힘을 가하면서 현실화되려고 하는 존재의 힘이다. 그러나 그렇게 되려면 위반이 필요한데, 그것은 신이나 악마와 접촉하여 그에게 은혜를 받은 존재들에게만 허용된다. 무의식은 정말 심해(深海)와 같은 미개간지이지만, 토템 기둥을 덮고 있는—합쳐져 있는—무한한 하늘이기도 하며, 이드와 개인적인 초자아(프로이드)를 뛰어넘는 무시무시한 신비, 존엄한 공포로서 집단적 무의식(융)의 세계이다. 그 세계에는 그의 개인적 자아가 아직 충분히 발달하지 못해서 신성력을 감당하지 못하는 본래적 존재들이 잠겨 있다. 거기에서 성인, 마술사, 추장, 부모는 하나의 범례적 역할로서 그 집단을 위해서 육화는 모델이 되며, 아이들은 그 예를 따라서 살면서 그것을 다시 상대화시킨다.

상징화는 우리가 위에서 정의한 것을 따르면, 미개간지나 하늘을 인간화시키는 것, 즉 거룩한 것의 두 극단적인 반대쪽에 있는 신성한 상상계(라캉)를 속적인 장(場)에 통합하는 것이다. 그때 거룩한 것을 속적인 것으로 상징화할 수 있게 하는 것은 에너지를 변환시키는 진정한 피뢰침인 토템이다. 또한 상징계(라캉)는 토템이나 그것을 수행하는 사람을 통해서 신성한 상상계가 터부, 규칙, 법, 윤리, 미학, 마술, 과학, 종교, 즉 한 마디 말로 이루어진 언어—"우리의 내면을 표현하게 하는 모든 것"이라고 촘스키[17]가 말한 의미에서의 말—등으로 변환된 세계이다. 마술사는 환자에게 악의 세력을 선의 세력으로 변환시키는 존재를 상징적으로 나타낸다. 물론 신성한 상상계는 상징화가 아무리 많이 이루어질지라도 우리가 사는 합리적인 문명사회에서 결코 다 없어지지 않는다. 법률이 아무리 많아도 법을 어기는 것을 그치게 할 수 없고, 윤리를 아무리 강조해도 부도덕성은 없어지지 않으며, 미학은 예술 활동이 아무리 행해져도 고갈되지 않는다. 또한 종교는 거룩한 것의 현현으로 사라지지 않고, 과학은 우리의 무지를 없애지 못하며, 합리적인 것은 비현실적이거나 초현실적인 것들이 아무리 많아져도 여전히 남아 있다.

미개간지와 하늘의 드넓은 무한성을 우리가 사는 마을의 속적인 영역과 비교해 볼 때—그것은 현대 서구 사회에서 사는 우리의 자아와 비교할 수 있을 것이다—우리에게는 거룩한 것의 비합리성과 여태까지 실현된 합리적인 것 사이의 균형을 맞추기 위하여 달려갈 공간은 여전히 많이 있다. 내가 생각하기에 상징계는 신성한 상상계와 비교해 볼 때, 빙산의 물 밖으로 나와 있는 부분 정도로서, 물에 잠긴 부분과 비교하면 아마 팔분의 일 정도일 것이다. 정신분석가들도 자신에게 의식된 부분을 무의식적인 부분과 비교할 때, 같은 이미지를 사용한다. 정신분석가들에게 무의식은 물리학자들이나 더 나아가서 생물학자들이 그들의 분야에서 아직 모르는 영역만큼 아직도 살펴볼 부분이 무한하다. 물리학자들에게 인간의 몸은 완전히 하나의 대상이다. 그러나 무의식은 우리가 보통 정신이라고 부르는 것의 상상적인 울타리에 그치지 않고, 그 뿌리를 세포 가운데 생물학적으로 가장 깊은 부분, 즉 유전자의 핵과 원자, 그리고 기본적인 분자에 내리고 있다.

당신은 물리학자들이 우리와 똑같은 원자로 구성되어 있지 않는데도, 그가 우리에게 가르쳐주는 원자 법칙을 이해할 수 있을 것이라고 생각하는가? 또한 당신은 소위 정신이라고 하는 것의 작용 가운데 우리 몸에 있는 가장 작은 원자가 하는 "말"이 그가 표명하려고 하는 것이라는 생각은 들지 않는가? 오래 된 신인동형동성론적 이론에서 인간은 "소우주", 즉 거대한 우주인 "대우주"를 축소한 생성물이었다. 그 신인동형동성론에는 내가 여태까지 말했던 내용들이 많이 들어있다. 그럼에도 불구하고—아니면 그것 때문에—그 이론에는 심오한 진리가 많이 들어있다. 우리가 우주에서 찾아보는 법칙들은 작은 우주인 우리 인간에게도 똑같이 작용한다. 우리가 그 법칙들을 우리 안에서 찾을 수 없다면, 우리는 우리 바깥에서도 결코 찾아볼 수 없을지 모른다. 인간은 "이 세상에 사는 하느님의 모험"(G. Verne)[18]이라고 생각될 수 있는 것이다. 다시 말해서 인간은 우주가 스스로에 대해서 의식화한 존재인지도 모르는 것이다. 그러므로 모든 것은 결국 우리가 우리 자신을 이루고 있는 동력장(動力場)의 구조, 즉 우주가 만들어진 에너지 장의 구조에 대해서 살펴보는 것이다. 그것은 의식의 분출에 대해서 살펴보는 것이기도 하다. 내가 생각하기에 종교적 인간(*homo-religiosus*)에게서 거룩한 것의 출현—융이 말한 원형의 출현—은 다른 것이 아니라, 그 거대한 우주적 에너지를 불현듯 깨닫는 것 이외에 다른 것이 아닌 듯하다. 그런데 오늘날 우주를 만든 에너지가 모든 물질 구조 속을 흐르고 있지만 그 에너지가 모인 것과 원자폭탄에 대해서 사람들은 거의 생각하고 있는 것 같지 않다.

# 제4장
## 상징적-타자[19]

우리는 상징을 언어라고 하였다. 그런데 상상계가 그 자신을 "상징적 타자" 속에 육화시키지 않는 한, 상상계는 자폐증, 자기애, 유아론(唯我論), 이상주의자의 환상 ... 이 되고 만다. 그래서 미개간지에 사는 영(靈)들과 계약을 맺은 마술사는 거룩성이 해체된 세계에서 어떤 악마에게 "사로잡힌"사람을 위해서 "상징적-타자"의 도움을 받도록 지명되게 된다. 왜냐하면 그것이 감염, 빙의(憑依), 영혼의 상실, 즉 모든 병의 원인이기 때문이다. 어쨌든 그것은 구석기 시대에 시베리아 남부에 살던 사람들이나 20세기 유럽에 사는 모든 종교적 인간들이 거의 모든 병들을 그렇게 생각하는 방식이다. 구석기 시대의 종교적 인간이 오늘날 지성인들에게서도 나타나는 것을 보기 위해서 깊이 "파헤칠" 필요는 거의 없다. 그가 앓고 있는 신경증을 잠시 살펴보거나, 그에게 꿈에 대해서 물어보는 것만으로도 충분하다. 미개간지는 파리한 복판에도 자리 잡고 있는 것이다.

에티오피아에서 병을 치료하는 아주 간단한 제의에서, 마술사는 염소 새끼의 멱을 따서, 즉시 환자의 왼손을 잡고 같이 물속으로 들어간다. 그리고 그는 환자를 희생당한 동물의 피와 암죽으로 씻고, 그 다음에 그를 거기에 완전히 담근다. 그러는 사이, 보조 마술사는 그 환자에게 빙의된 악마가 고기 굽는 냄새를 맡고 와서 그의 곁에 있게 하기 위하여 강가에서 희생동물의 고기를 굽는다. 그때 마술사는 그가 입문의례를 할 때 알게 된 그의 보호령이 노래하는 소리를 듣고 놀란다. 그러면서 그는 조금씩 엑스터시 상태에서 그 영으로 변하고, 환자를 처음 사로잡아서 병이 나게 했던 악마 대신에 그를 사로잡을—다시 말해서 그를 보호하도록—임무를 부여 받은 다른 악마에게 보낸다. 그 악마는 여전히 강가에서 그 희생동물 곁에—그리고 안에—있다. 그 다음에 마술사는 이번에는 환자의 오른손을 잡고 물에서 나와서, 뒤도 돌아보지 않고 재빨리 환자를 그의 집으로 데려 간다. 그리고 의례는 마술사의 보호령에게 예를 올리고, 그 다음에 환자에게 수려고 새 동물을 희생시키면서 끝이 난다.[20]

우리는 여기에서 죽음을 정화시키는 의례에서 보았던 것과 비슷한, 감염을 정화시키는 의례를 다시 본다. 먼저 유사요법적 도유(塗油)에 의한 정화가 있다 : 피와 암죽 같은 부정한 유기적 산물 역시 적은 양으로도 성화시킬 수 있는 것이다. 특히 생리혈 같은 모든 부정한 물질이 사용되는 것이 사실이다. 그 다음에는 생수와 전체적인 침례(浸禮)에 의한 정화가 있다. 그러나 우리는 무엇보다도 그 의례에서 희생을 보게 된다. 중요한 검은색 동물을 희생시켜서 악마의 식욕을 자극하는 것이다. 그러면 악마는 그가 잡은 미끼를 버리고, 새 미끼를 취하려고 한다. 우리는 여기에서 사람들이 악마를 "내사"(內射)하는 것을 본다. 그러는 동안 마술사는 그의 보호령이 부르는 노래의 리듬을 따라서 환자를 돕기 위해서 파견된 영(靈)을 모시려고 그의 보호령에게 사로잡혀서 엑스터시에 들어간다. 그리고 사람들은 그에게 새로운 희생동물을 바친다.

우리는 여기에서 당연히 환자와 의사 자신의 동물성의 특성을 나타내는 희생의 의미에 머무르지 않을 것이다. 마찬가지로 마술사가 환자에게 시행한 해제 반응(abréaction)이나 마술사가 처음에는 환자를 왼손으로 잡았다가 나중에는 오른손으로 잡은 것에 대해서도 주목하지 않으려고 한다. 우리가 지금 지적하려는 것은 다만 이 의례에 담긴—다른 모든 의례에서도 마찬가지이지만—중요한 합리화와 강박신경증이 우리에게 과장해서 보이는 합리화이다. 거기에 주목할 만한 상징화가 있기 때문이다. 피요자(J. Filliozat)는 20 세기 서구 사회에서 레리스(Leiris)보다 유리한 입장에서 "그 모든 것들에는 병에 대한 그 어떤 인식과 의학적 처치라고 할 만한 것이 없었다"고 보고하였다. 그러므로 그런 형태의 정신치료가 다른 사람들에게 어떤 의미가 있는지 살펴보려면 그 본래적인 사회—비록 그 사회들이 20 세기에 있다고 할지라도—의 수준으로 돌아가려고 해야 한다. 그런 내용의 꿈이 얼마나 (분석시간에 이야기되고, 그렇게 해석되는 것을 넘어서) 그 환자에게 정신신체적 영향을 주는가? 신화적 의례를 끌어들여서 설명한 것—마술사로 표현되는 "상징적 타자"에 의한 상징적 상상계—이 환자의 논리적 성격에 얼마나 효과적으로 작용하는가? 마술사가 그의 기도 상대가 되는 악마에게 빙의된 치료의 상징적 도식은 그 병을 유발한 악령을 얼마나 상대화하고 인간화하는가 하는 것들을 생각해 보아야 한다.

그런 치료에는 병에 대한 단순한 이론 이상의 것이 있다. 그런 치료는 마술사가 입문의례 기간—"입문의례적 질병"을 살아야 하는—동안 미개간지( 동굴이나 지하동굴 등)에서 3년에서 5년 동안 살면서 입문의례적 질병을 "창조적 질병"[21]으로 변환시키면서, 질병으로부터 상상계적 환상을 간파(看破)해낸 중요한 상징화가 있는 것이다. 그때부터 그는 사악한 세력(혼돈)과 세속적 영역의 사회 질서 사이를 잇는 중요한 중재자가 된다. 그에게 의뢰되는 모든 질병은 그 다음에 그가 짧은 기간 동안 다시 앓으면서 입문의례적 질병에서 창조적 질병으로 상징적 변환을 이루는 것이다.

20세기의 정신분석도 "대화적인 방법으로 정신분석을 하는" 동안 다른 것을 하는 것이 아니다. 입문의례적 전이 신경증을 창조적으로 "고양된 신경증"(P. Abely)으로 변환시키는 것이다. 또한 정신에너지가 퇴행하여 생긴 전이신경증의 증상을 완화시키거나 그것이 창조적으로 변환되도록 그에게 맡긴 환자도 악령에게 사로잡힌 에티오피아 사람과 똑같은 것을 한다. 레비스트로스(Cl. Levi-Strauss)[22]는 샤마니즘적 치료와 정신분석적 치료 사이의 차이는 샤마니즘적 치료에서는 마술사가 환자로부터 빙의된 사악한 세력을 해제(解除)시킨다면, 정신분석적 치료에서는 환자에게 정신치료자에 대한 전이가 생기고, 그것을 해제시켜야 하는데 있다고 말하였다. 겉으로 볼 때, 그런 점이 있는 것은 사실이다. 그러나 깊이 보면 정신분석가 역시 마술사 못지않게 사악한 세력을 해제시켜야 한다. 단순하게 생각하면, 오늘날과 과거 사이에서 상징화의 수준에서 차이는 많이 난다. 오늘날 "살아있는 하느님"에 대한 열정에 사로잡힌 성인들이 거의 없듯이 현대의 마술사들 역시 무시무시한 수호령[23]에게 별로 사로잡히지 않는 것이다. "마술-과학"의 분야에서뿐만이 아니라 "마법-종교"의 분야에서도 합리성과 비합리성의 융합(상징화)이 발달해 왔던 것이다. 그래서 사람들이 단순하게 생각했던 중세의 빙의 이론—치료이론—은 이제 더 이상 통용되지 않는다. 우리 시대는 200여 년 전 마지막으로 마녀 심판이 이루어졌던 시대와 전혀 다른데, 우리는 그것을 상징화의 차이라고 생각한다. 그러나 "이성"의 발달이 결정적으로 이루어졌다고 생각하지 않도록 조심해야 한다. 우리는 매일 그와 반대되는 이야기를 진료실에서 듣는 것이다. 집단적 수준에서 볼 때, 나치즘 같은 악마의 출현 사건은 미개간지의 사악한 세력이 분출한 것으로서 언제나 경계

해야 한다. 우리는 앞에서 비합리적이거나 상상계적 세계에 있는 초합리적인 것을 상징적으로 표현한 합리적 표상이 비합리적이거나 초합리적인 것을 완전히 합리적으로 드러내지는 못한다는 사실을 강조하였다.

다시 말하지만, 신성한 것은 의미의 살아있는 원천이다. 삶과 우주의 의미의 원천인 것이다. 은유적으로 상형된 의미는 언제나 본래의 의미를 앞선다. 기하학적 시-공도 마찬가지다. 혼돈(chaos)이 본래의 신화적 시-공을 지배하는 것이다. 거기에서는 초자연적인 것과 기이한 것이 일반적인 것이다. 그래서 기적과 변환은 그 원초적 상태와 공간의 극도로 불안정한 특성과 유연한 특성을 강조한다. 그래서 우리는 물체와 존재들이 하늘을 나르고, 동물들이 사람들로 변하거나 사람들이 동물들로 변하며, 농산물들이 갑자기 싹트고, 잘라진 동물의 근육이 금방 자라는 것을 심심치 않게 본다. 그때는 그야말로 황금기이다. 그러나 어느 날, 신적 조상들은 그 혼돈에 법칙을 제정하려고 하였다. 그때 그들은 거기에 있던 흙으로 반인-반수나 사람을 창조하였다. 그것들을 그렇게 만든 것은 그것들을 하나의 상태에서 마음대로 다른 상태로 변화시킬 수 있는 가능성을 보여준다. 일단 이렇게 되자 뒤로 돌아갈 수는 없다. 이제 시간은 모든 것을 잡아먹는(Kronos) 변수로 되었다. 신화의 위대한 시간은 역사의 사소한 시간으로 변하였다. 그때부터 이 새로운 창조(변천)는 모든 후손들에게 적용되었다. 모든 대륙들과 바다들과 산들은 이 공간에 분배되었다. 신화적 공간도 지리적, 기하학적 공간으로 된 것이다. 부족들도 흩어졌고, 각 부족들은 이제 의례, 풍습, 법률 등 제도들을 전수받았다. 그것은 마술적이고, 우화 같은 환상의 종말을 의미한다. 그러다가 결국 트릭스터(실수를 잘하는 조상)[24]가 가지고 온 죽음이 혼돈으로부터 질서로의 이 이

행을 결정적으로 확증하였는데, 거기에서는 현실원리가 쾌락원리를 대체하고, 인과론(결정론)이 불확실성의 원리와 마술적 전능성을 대체하였다.

집단적 인간의 유아기가 상상계의 혼돈이 지배하는 개인적 인간의 유아기로 이행된 것이다. 황금기와 지상 낙원은 아이들을 잡아먹는 크로노스의 시대로 접어들었다. 인간을 희생 제물로 바치는 시대, 공포와 잔인성의 시대로 된 것이다. 그러다가 창조의 시대가 전개되는데, 그것들이 아주 왕성할 때 보쉬나 고야의 상상력에 그 어렴풋한 사고의 흔적을 보여주듯이 괴물들이 나타난다.

우리는 거기에서도 다시 한 번 의식에 상상계에서 나온 선악 이원론의 작용이 출현하는 것을 본다. 예를 들어서 말하자면, 에스키모에게 우주는 어둠 속에 있었다. 거기에서 사람들은 동물들과 분리되지 않았다. 동물을 잡아먹는 것은 사람을 잡아먹는 것과 같았고, 그 반대도 마찬가지였다. 혈족관계에 관한 법칙도 없었고, 근친상간은 흔히 일어났다. 문명사회의 기반이 되는 두 가지 중요한 금지인 근친상간 금지와 식인(食人) 금지는 아직 존재하지 않았다. 그 어떤 것도 예측할 수 없고, 그 어떤 명령이나 사회생활도 없는, 보편적인 혼합의 시대였다. 모든 것들이 무규범적으로 행해지고, 가장 강한 법칙만이 지배하는 보편적 야만의 시대인 것이다. 그 신화들을 볼 때, 계통 발생적인 측면에서 집단적 인간의 유아기 같으며, 개체 발생적인 측면에서 볼 때 개인적 인간의 유아기와 비슷하다.

어린이는 아직 우주의 질서의 한 부분이 아니다. 따라서 아이들은 그 질서에 아직 도달하지 못해서 금지들을 어길 수 있다. 특히 성(性)은 결혼하기 전, 자유롭다. 그는 질서의 변두리에 있는 것이다. 그는 아직 혼돈의 우주에 속해 있다. 그 혼돈에서 질서로의 이행을 보장하는 것은 사춘기에 행해지는 입문의례이다. 그때 그의 신체에는 일반적으로, 그 신체 가운데서 가장 "살아있는" 부분인, 생식기에 행해지는 죽음 의식을 통하여 지나간 "혼돈의" 삶의 희생이 이루어진다: 성기 살갗을 베기, 음경이나 음핵의 절제, 할례 등이 이루어지는 것이다. 입문의례는 "운명을 변환시키는 것"[25]이다. "혼돈 상태에 있는" 위대한 시-공으로부터 통제해야 하는 시-공으로 넘어가는 원형적 변환인 것이다. 입문의례에 관한 신화들과 의례들은 우리에게 그렇게 말한다. 오늘날 구체적인 시간과 공간 속에 어느 것도 제대로 배정하지 못한 상태를 우리는 "정신적 혼돈", "몽환상태"라고 부른다. 그런 보편적 혼돈 상태로부터 보편적 질서로 넘어와야 한다. 그래야 우주의 요소들에 실제로—상상 속에서가 아니라—무엇인가를 할 수 있게 된다. 입문의례는 상상계의 비통합—구조화되지 않은—을 뛰어넘어서 우주적인 시-공으로 통합하는 상징화의 원초적 형태이다.

그러나 그 위대한 상상계의 시-공은 언제나 거기에 있다. 즉 역사적이고, 기하학적(즉 상징계적) 시-공의 아래와 위와 주위에 언제나 존재하는 것이다. 그 위대한 시-공은 인공 두뇌적으로 말하면 일상적 시-공을 담고 있는 것이다. 은유적이고, 형상화된 의미는 기하학적이고 본래적인 의미보다 앞선다. 환각제의 복용(L.S.D.나 메스칼린 등)은 우리에게 그 세계의 증거를 보여준다. 몽환상태나 일과성 정신착란이나 조현병 환자들이 보는 병리 현상에서도 보이고, 그렇지 않으면 우리의 꿈이나 환상에서도 그 시-공이 나타난다.

# 제 5 장
## 원형: 에로스, 욕망, 키벨레와 아티스

정신분석에 들어가는 것은—종교생활에 들어가는 것처럼—언제나 퇴행으로 들어가는 것과 비슷하다. 융은 분석자에게 있어서 그가 어린 시절 어머니와 아버지 사이에서 있었던 원초적 관계 형태를 분석가에게 "전이시켜서" 다시 사는 것은 그 주체가 실제의 어머니와 아버지와의 실제적 관계를 상징적으로 만들면서 그 특정한 관계를 다시 사는 것이 아니라고 주장하였다. 오히려 그것은 신화적—따라서 원형적 어머니와 아버지의 상상계를 다시 사는 것이라고 주장하였다. 우리는 위에서 충동은 그 대상[26]의 심리적 대리물을 내보낸다는 사실을 살펴보았다. 그런데 그 대리물은 상징으로 드러나기 위해 외부 대상의 정신적 표현에 따라서 변화되어야 한다. 충동은 특별히 사람에게서 단지 근본적으로 생물학적 욕구를 충족시키려는 "추동력"만은 아니다. 예를 들어서 말하자면, 개인의 생명을 보존하려는 섭식(攝食) 충동에는 무엇보다도 먼저 어머니의 젖이 포함되고, 우리가 살펴보았듯이 어머니의 얼굴, 그 다음에 어머니의 몸 전체가 포함되어 있다. 그러나 그것을 뛰어넘어서, 거기에는 우리가 어머니라는 인간, 즉 생물학, 신화학, 종교, 역사, 정신분석학이 말하는 어머니에 대한 모든 특성들이 같이 들어있다. 그것은 융이 모성 원형과 모성 콤플렉스라는 개념으로 도식화한 거대한 영역이다. 같은 방식으로 아버지라는 인간과 부성 원형, 부성 콤플렉스도 있다. 모든 것은 마치 동물적 본능이 그가 안다는 사실을 모르면서도 "알고", 그가 원한다는 사실을 모르면서도 "바라며", 그가 창안하고 있다는 사실을 모르면서도 "창안하며", 그가 만든다는 사실을 모르면서도 "만들고", 그가 사용하고 있다는 사실을 모르면서도 "사용하며", 그가 변환하고 있다는 사실을 모르면서도 "변환하는 것처럼, 원형은 이미 알고, 바라고, 창안하고, 만들고, 사용하고, 변환한다.

그러므로 인간은 선험적으로 그가 그의 어머니와 아버지를 바라고, 기다리는 것을 알고 있으며, 체험도 하기 전에 충동의 방향을 도식화하는 것은 그 선험적 지(知)이다. 그리고 그의 내적 대상—그의 심리적 대리물—은 특히 융이 다른 곳에서 말한 이마고이다.

모성 이마고와 부성 이마고의 상상계적 표현은 우리가 토템과 하늘(우리가 극단적으로 단순화시켜서 부성 원형이라고 말할 수 있다)의 수준은 물론 미개간지와 사악한 영(조심스럽게 말하면, 모성 원형이라고 말할 수 있다)의 수준 등 원초적 정신 상태에서 살펴본 것처럼 대단히 많다. 우리는 미개간지가 사람들을 공포에 떨게 하지만, 동시에 음식물을 제공한다는 사실을 잊지 말아야 한다. 또한 하늘이 율법을 가져다주지만, 미개간지처럼 위험하기도 하다. 선악 이원론적 양가성이 하늘의 측면이나 미개간지의 측면에 있는 것이다. 그것은 원형으로서의 아버지와 원형으로서의 어머니에게도 마찬가지다. 여기에서 우리는 부성과 모성의 상상계적 통찰을 볼 수 있다. 그리고 본래적인 인간과 어린이 원형에 대해서도 더 많은 자료들을 모아야 한다.

그러면 어머니-아버지와의 사이에서 있었던 작은 문제들을 뛰어넘어서 퇴행이 가져오는 분석에서의 전이의 요소들에는 어떤 것들이 있는가? 잘 아는 사실이지만, 20세기 서양의 아이들은 아버지와 어머니를 상상계적인 하늘과 미개간지의 상징으로 표현한다. 또한 아버지와 어머니는 아이에게 고태적 사회에서 부족장, 사제, 마술사—이들은 종종 한 사람에게 모아지기도 한다—와 같은 역할을 한다.

혼돈이 질서로 이행되는 것을 통하여 미개간지가 개간되고, 하늘에 법칙들이 생기면서 채집 사회로부터 농경사회, 목축사회로 변환되고, 도시 사회가 형성되면서 상상계의 영역은 뒤로 물러서게 된다. 어린이들도 자기 집에 어떤 것들이 있나 하고 살피는 것이 처음에는 지하실, 다락방 등으로 갔다가 금지된 방으로까지 확대되어 살펴보려고 한다. 그 다음에 집 근처를 살펴보고, 그 다음에 그 집이 있는 구역, 그 다음에는 마을이나 도시 전체, 그리고 외곽이나 교외로까지 넓혀진다. 그렇게 되면 그 대상들에 대한 환각과 상상계적 불안은 우리가 보통 "현실 구성"[27]이라고 부르는 것 속에서 같은 대상에 대한 객관적 지각으로 대체되는데, 그것은 우리가 혼돈의 우주적 혼잡으로부터 우주의 질서로 이행이라고 부르는 것과 똑같은 것이다.

영들은 점차 숲과 샘물, 강과 동물, 식물들을 떠나고, 공중, 행성들, 별들, 천체를 떠나면서, 모든 요소들은 세계에 대한 합리적 지각(知覺) 안에서 상징화된다. 땅, 물, 지하세계(땅속)의 상상계처럼 천공(하늘들)의 상상계는 이제 점차 상상계를 나타내는 진정한 지표가 되는 것이다: 한편에서는 올림푸스와 하늘이 나누어지고, 다른 편에서는 땅과 저 세상의 지옥[28]으로 나뉘게 된다. 그러면서 그 표상들의 심리적 우주는 실제의 대상과 독립적으로—즉 상대적으로—완전히 새롭게 창조되고, 그 대상들에 상징화가 이루어진다.[29]

욕망(désir)이 욕구(besoin)와 분리가 되는 것은 이 지점이다. 우리는 욕망을 외부의 대상으로부터 "떠날" 수 있는 욕구라고 말할 수 있다. 욕망은 나뭇가지로부터 떨어져 나와서 스스로 영양을 공급하는 것이다. 그러면서 내적 대상과 외적 대상을 하나로 만드는 상징화가 이루어지고, 그렇게 만들어진 상징은 그때까지 없으면 안 되었을 외부에 있는 진짜 대상을—상대적으로—대체하게 된다.

예를 들어서 말하자면, 자기가 빠는 손가락을 젖으로 "환각"하면서 허기를 달래는 갓난아기는 자신의 몸을 상징화한다(자가-성애). 여기에서 한 걸음 더 나아가서, 사랑의 다른 형태들은 사랑의 그 무시무시하고 매혹적인 대상이 부재와 현존의 영원한 왕복을 하는 벌어진 틈(la béance) 안에서 상징적으로 나타날 수 있다. 욕망 자체가 이미 우리가 지금까지 만난 "결합의 신성"이라는 두려움-매혹(effroi-fascination)을 지닌 에로스 신인 것이다. 그래서 여태까지 매우 동물적이었던—진정한 사랑이 없는—성충동은 진정한 영적 역동성을 가진 성적 에로스로 변환된다.

이제 신과 성은 무자비한 투쟁으로 넘어가게 된다. 우리는 그것을 이미 죽음의 정화 의식에서 살펴보았다. 그러나 우리는 그 수준에서 성의 신성화와 신의 성욕화만 관찰하였다.[30] 성행위는 특히 본래적인 재창조 행위로 되고, 여성은 양육적이기는 하지만 동시에 땅의 여왕과 천상의 여신의 속성에 내포된 모든 것을 삼키는 미개간지를 거치면서 우주의 자궁이 된다. 여전히 심연(深淵) 같고, 모호하며, 두려운 존재인 것이다. 그것은 자연의 종교, 풍요와 모성과 창조적 관능, 신비의 종교이며, 여성 원형의 주제로 발전할 바쿠스 제(際)의 종교이다.[31]

우리는 기원전 200년경 카르타고 전쟁으로 인한 궁핍의 참화 기간 무녀의 신탁을 받아서 로마에 프리지아의 아티스-키벨레 신비가 도입된 것을 기억한다. 위대한 여신 키벨레의 현현을 나타내는 상징은 검은 운석이었는데, 사람들은 그것을 로마에 가지고 왔다. 그러자 그 다음 해, 수확은 예외적으로 풍성해졌고, 스키피오는 아프리카의 자마에서 한니발을 격퇴하였다. 그때부터 여신의 인기는 높아졌고, 매녀 여신을 위한 축제가 4월4일부터 10일까지 행해졌다. 그 다음 클라우디우스 치세에서 축제는 3월15일부터 27일까지 행해졌고, 그때 여신의 아들이자 연인인 아티스는 예배의 중앙을 차지하였다. 3월24일은 "피의 날"인데, 사람들은 아티스의 죽음을 애도하고, 신도들은 그의 속죄와 구원의 수난(passion)을 기념하면서 칼로 자신의 몸을 벤다. 기독교가 로마제국에 널리 전파된 다음에도 기독교는 그날을 그리스도의 수난(受難)을 기념하는 날로 삼았다.

약 2000여 년 전 프리지아에서 이 예배가 시작될 때, 모든 생명의 원천인 위대한 모성 여신은 숲과 삼림과 야수들(미개간지)을 다스렸다. 그녀의 옥좌는 산꼭대기에 있었지만, 그녀는 지하나 깊은 동굴에서 숭배되었다.[32] 그녀의 말을 대신하여, 마차를 끄는 것은 사자들이다. 봄이 되면 위대한 여신은 자유롭게 되어서 폭풍과 그의 신도들, 여사제들, 바쿠스의 무희들을 거느리고 온 지방을 다니면서 숲에서 소리를 지르고, 심발즈와 북과 플루트 소리에 맞춰서 광란의 춤을 춘다. 그러다가 점차 열기가 고조되면, 신도들은 엑스터시 상태에 빠져서 트랜스에 들어가고, 도취 상태에서 신성과 하나가 된다(*hieros-gamos*).

축제의 마지막 무렵 여신으로부터 나오는 것에는 그의 아들-연인이자 식물의 젊은 신, 아티스를 찾으려는 목적이 있다.[33] 젊은 목동은 처녀신인 아그디티스(Agditis)의 아들인데, 어느 날 그의 결혼을 시기한 어머니에 의하여 광란의 망상에 빠져서 소나무 아래서 자신의 성기를 거세하고, 과다출혈로 죽는다.[34] 그때부터, 그 신도들은 취하는 음료를 복용한 다음 심발즈와 플루트와 트럼펫 소리에 열광 상태에 빠지고, 광란적 춤에 사로잡혀서 삶의 고통을 잊어버리고, 아티스처럼 자신의 몸에 상처를 내거나 거세를 한다. 그러면 피가 온 제단을 적

시고, 절단된 성기들은 위대한 모성신에게 그들의 생식력을 바치고, 그렇게 함으로써 식물들이 다시 살아나는 것을 활성화시키려고 땅 속에 묻힌다.

풍요를 비는 아시아의 여신에 대한 예배의 대부분은 우리가 방금 기술한 것과 거의 비슷하다. 아시리아-바빌론의 이슈타르 예배, 소아시아의 에페스의 아르테미스 예배, 시리아의 히에라폴리스의 아스타르테 예배 등에서도 사제들과 신도들은 광란적 춤을 추는 동안 거세를 하는 것이다. 그런 다음에 그 축제에 참석했던 사람들은 도시 전체로 나가서 손에 쥐고 있던 거세된 성기를 그 근처에 있는 집에 던지고, 그렇게 존경을 받은 집주인은 그 신도들에게 여자의 옷과 보석을 주어야 한다. 그러면 그 사람들은 그 옷으로 갈아입고, 축제 기간을 지낸다.

그때 "거세하는 어머니"에 대해서 말하는 것은 허투로 말하는 것이 아니었다. 그 어머니는 아직도 우리 정신의 고고학적 층 깊은 곳에 숨어있는 것이다.

그 신비 의식의 참여자—입문자—가 새로운 삶, 즉 신적인 영원한 삶에 진입하려면 무엇인가 대가를 치러야 했다: 그래서 키벨레 신전에는 "나는 악을 피하였고, 더 좋은 것을 찾았다"는 경구가 있다. 여기에서 말하는 "악"은 물론 모든 사회에서 금지하는 어머니-아들의 근친상간을 의미할 것이다. 모성적 신성과의 성스러운 연합을 의미하는 신성혼(神聖婚)이 생물학적인 측면을 희생시키고, 영적 측면에서 이루어지는 것이다.

얼마가 지난 다음, 클라우디우스의 치세에서는 여섯 살 먹은 황소가 희생되었고, 결국에는 팔라틴에 있는 성스러운 소나무가 희생 제물로 바쳐졌다. 그때 신비의식의 참여자들은 플루트 소리에 맞춰서 스스로에게 채찍질하고, 대사제들은 자신의 팔을 베어서 그 피를 아티스의 제단에 뿌린다. 그 다음 나절, 사람들은 무질서한 것들을 마음대로 표출하고, 음울한 노래들을 부른다. 이어지는 밤과 낮 동안 신비의식의 참여자들은 대사제가 그들에게 신의 부활을 알릴 때까지 잠을 자지 않고 지킨다.

3월25일은 힐라리아(hilaria)라고 해서 신화적으로 위대한 시-공, 즉 혼돈으로 돌아가는 축제날이다. 모든 금지가 없어지는 휴지일인 것이다. 그래서 도시 선체는 열에 들뜨고, 사람들은 자유분방한 가면을 쓰고 돌아다니면서 즐기고, 모든 종류의 맛있는 음식들을 먹으며, 여기저기에서 지칠 때까지 싸움들을 한다.

그 다음 날은 휴식에 바쳐지고, 그 다음 다음 날 수난 의식은 두 마리의 사자 사이에 여신이 앉고, 그 뒤를 그 도시의 유력자들과 사제와 거세된 사람들과 신비의식의 참여자들이 뒤따르는 장엄한 행렬과 함께 끝나는데, 그 행렬은 정화를 위한 우물로 가는 행렬이다.

결국 우리가 이 풍요 의식에서 주목할 중요한 것은 어머니-아들 연인의 쌍은 오라비-누이의 쌍과 다르지 않다는 점이다. 우리는 그 사실을 이 의례에 대한 기술 전체를 통해서 본다. 여기서 강조해서 말하려는 것은 그 수난 의식에서 아티스와 동일시된 신비의식 참여자들을 안드로진(그리스 신화에서 인간이 남성과 여성으로 나누어지기 전 양성구유 상태로 있을 때의 존재—역자 주)으로 이끄는 거룩한 성적 합일이다. 자신의 남성성을 희생시킨 신비의식 참여자들은 죽을 때까지 여성적 속성을 입어야 하고, 그런 이유로 그는 입문을 마친 사람이 되고, 신의 영원한 생명을 얻는다. 그러므로 그 희생 의례 이후 그는 남성도 아니고 여성도 아니며, 양성구유자이다. 그는 상징적으로 말하자면, 헤르마프로디테(헤르메스와 아프로디테 사이에서 태어난 양성구유자—역자 주)로 다시 태어나려고 근친상간적인 신성혼을 통하여 모성신의 품으로 돌아간 것이다. 우리는 여기에서 융이 그의 책 『전이의 심리학』에서 분석한 『현자의 장미원』에 나온 연금술 신화를 다시 볼 수 있고, 조금 다르기는 하지만 그 신화 역시 같은 결과를 가져온다는 사실을 알게 된다. 융은 위에서 간단하게 부성원형, 모성원형이라고 정의한 것에 아니무스 원형과 아니마라는 원형을 덧붙였다. 아니무스는 여성 안에 있는 원시적 안드로진의 흔적, 즉 잠재적 남성성이고, 그와 반대로 남성 안에 있는 아니마는 그의 잠재적 여성성의 흔적이다.

플라톤은 그의 『향연』에서 아리스토파네스의 입을 통하여 우리에게 안드로진 신화를 상기시켜준다. 태초에는 남성과 여성이 분리되지 않았으며, 전체적인 충만 속에서 사는 공 모양의 양성구유적 존재만 있었다. 어느 날 제우스는 그 단일체를 두 부분으로 나누려고 결심하고, 그것을 두 존재로 나누었는데, 그때부터 그는 본래적으로 단일한 존재로 다시 태어나는 것이 유일한 동경(aspiration)으로 되었다. 그래서 그들이 사랑이라도 하게 되면, 그들은 너무 열정적으로 붙어다녀서 밥을 먹는 것도, 물 마시는 것도 잊어버리고 ... 사랑하면서 죽는 것도 마다하지 않았다.

그 어떤 것도 해체의 신성이 결합의 신성 못지않게 강하다고 말하는 그리스에서의 에로스보다 양가성을 잘 보여주는 것은 없다. 너무 사랑하면 죽음에 이를 수밖에 없는 것이다. 그래서 플라톤적인 사랑은 "신적 망상", 즉 그 안에 어리석음과 지고의 이성이 동시에 담겨 있는 사랑이다. 사랑은 조금씩, 조금씩 엑스터시에서 엑스터시에 다가가고, 극도의 순수성과 극도의 아름다움과 극도의 합일에 도달하는 것이다. 둘로 나누어지는[35] 불행을 뛰어넘고, 육체를 뛰어넘어서, 존재하는 모든 것의 유일한 원천을 향해서 나아가는 것이다. "사랑의 모든 관계는 절대자가 또 하나의 파트너인 세 사람의 관계이다. 그 양가적인—그래서 시적인—관계는 특히 시의 원천과 목적을 사랑과 종교로 만든다."[36] 그러나 육체와 헤어짐을 거부하는 절대적이고, 완벽한 합일은 결국 지상 세계에서 실제적인 존재를 부정하는 것이 된다. 지고의 욕망인 에로스는 모든 지상적인 사랑을 부정하고, 그렇게 함으로써 죽음에 굴복되게 한다. "삶을 너무 경배하는 똑같은 움직임도 우리를 삶을 거부하게 하는 것으로 몰아넣는다."[37]

『향연』의 주인공에게서 에로스는 가장 오래 된 헤르마프로디테 신이다. 혼돈이 있은 다음, 땅과 사랑이 태어났다. 포사니아(2세기 그리스의 여행가—역자 주)에게서 에로스는 아프로디테와 분리시킬 수 없는 존재였다. 아프로디테가 "천상의" 아프로디테와 "통속적인" 아프로디테, 둘이 있기 때문에, 사랑에도 두 개의 형태가 있다. 영혼보다 육체를 더 사랑하는 "통속적인 사랑"과 "천상의" 사랑이 있는데, 이 사랑은 그 당시 그리스에서 무엇보다도 동성애적 사랑이었다. 에릭시마르크에게서 에로스는 병든 사람과 못생긴 사람을 돌보고, 우리 몸의 모든 불균형을 조화롭게 하는 의사였다. 더구나 사랑하게 하고, 우리 몸의 모든 원수들과 불화를 쫓아내고, 조화와 일치를 이루게 하는 것은 사랑의 치유력이다. 또한 에로스는 음악가이기도 하다. 음악에는 화음과 화해가 필요하기 때문이다. 그것은 소리와 리듬에서 특히 그렇다. 그러므로 음악은 사랑의 현상학이라고 할 수 있다. 아가톤(5세기 그리스의 비극시인. 그의 집은 플라톤의 향연의 무대가 되었다—역자 주)에게서 에로스는 아름다움과 영원한 젊음이었다. 그는 힘을 사용하지 않아서 불의(不義)를 모른다. 그런 생각은 그에게 아폴론이 점복술과 의술과 궁술을 만들었다고 생각하게 하였다. 또한 뮤

즈에게 음악의 영감을 불어넣고, 헤파이스토스에게 제련술, 아테나에게 방직기술, 제우스에게 사람들을 다스리는 기술을 준 것도 에로스이다. 디오티마(플라톤의 향연에 나오는 그리스의 무녀—역자 주)에게서 사랑의 신비한 입문은 처음에는 신체의 아름다움에 끌리다가 나중에 영혼의 아름다움으로 가고, 결국에는 지고의 계시인 절대적인 아름다움에 이르게 된다.

이것이 플라톤이 신화를 통해서 말하는 사랑에 대한 이론인데, 그것은 점차 철학—여기에서는 금욕 철학—으로 상징화된다. 플라톤주의는 진정한 금욕주의이다. 그의 사상을 구원론적 종교(구원자의 개입에 의한 구속을 말하는 종교)라고 말할 수는 없지만, 그럼에도 불구하고 몇 가지 제한된 지표들을 찾아볼 수는 있다. 그래서 그는 신과 인간 사이의 분리에 대해서 강조하고 있다.

우리는 플라톤의 에로스를 말하면서 그가 우리의 기술—그리고 기술 일반—과 관련해서 매우 중요하다는 사실을 언급하지 않을 수 없다. 그러나 우리의 출발점은 위에서 살펴본 원시신화에서 말하는 안드로진인데, 그것을 통해서 우리는 인간의 발생학적 발달과 그것이 우리에게 남겨놓은 생리해부학적 흔적들 및 인간의 양성적 상태와 동성애의 가능성에 대해서도 확인할 수 있었다.

우리의 몸에 이성(異性)의 해부학적 흔적이 남아있는 것처럼 우리의 정신에도 이성의 흔적이 들어있는데, 융은 그것들을 아니마와 아니무스(그것들은 신과 여신이기도 하다)라는 개념으로 설명하였다. 우리는 그 원형들을 정신구조의 수준에서는 위에서 살펴보았던 부성원형, 모성원형처럼 살펴볼 수도 있을 것이다. 여성에게서 아니무스는 그녀의 삶에서 나타나는 남성이고, 남성에게서 아니마 역시 그의 삶에서 나타나는 여성이다. 그러나 어머니와 아버지가 모성원형과 부성원형의 맞은편에 있는 것처럼 "우리 삶에 있는 남성과 여성"은 영원히 사라지지 않으며, 그것은 상상계적인 아니무스와 아니마의 원천이 된다. 그것이 그 환상을 절대적 실재처럼 보이게 하는 "벼락"의 주요한 미끼이다. 우리는 연인들에게 콩깍지가 벗겨지면 무엇이 남게 되는지 알며, 영원한 사랑(트리스탄과 이졸데, 로미오와 줄리엣)의 신화는 우리에게 그 사랑은 죽음으로만 영원해진다는 사실을 가르쳐준다.

사랑—인식, 지식, 진리 ... 등—은 신(神)이다. 그래서 인간은 그것의 불꽃밖에 받을 수 없다. 에로스가 우리의 일상적 범속함에 만족할 것이라는 증거는 별로 없다. 우리가 보았듯이 성(聖)이 속(俗)을 지배한다. 그러나 그것을 혼동해서는 안 된다. 우리는 마술사가 입문의례적 병에 걸려 넘어지는 것처럼 사랑에 "걸려 넘어진다." 그리고 우리는 마술사처럼 신적 능력을 숙달시키는데 필요한 의식의 수련에(상징화하는 데) 수년을 바쳐야 한다.[38]

상징화를 통하여 인간에게 있는 신적 잠재성을 실현시키는 특권이 어렸을 때 어머니와 아버지에게 있었던 것처럼, 이제 여성에게는 남성, 남성에게는 여성이 주어졌다. 그래서 우리는 그 어떤 남성도 여성의 욕망을 채워줄 수 없고, 그 어떤 여성도 남성의 욕망을 채워줄 수 없다는 사실을 잊지 말아야 한다. 여성에게는 남성의 상상계, 남성에게는 여성의 상상계가 우리의 원초적 마을에 있는 미개간지와 하늘 영역만큼 방대하고, 다양한 것이다. 그리스 사람들은 우리에게 기원전 4세기경의 오르페우스 신화의 영향으로부터 유래한 헤시오도스적인 것이 아닌 또 다른 풍부한 신통계보학(théogonie)의 예를 보여준다. 지옥에 내려온 제우스에게는 그의 딸인 코레-페르세포네(데메테르-가이아의 딸)와의 근친상간에서 태어난 아들이 있었는데, 그 아들의 이름은 디오니소스-자그레우스(니사의 제우스)[39]였다. 제우스의 사나운 적인 타이탄들은 제우스가 몹시 사랑했던 그 아들을 죽이고, 삼켜버렸다. 그래서 제우스는 타이탄들에게 벼락을 던져서 그들을 태웠고, 그 아이의 심장은 아테나-팔라스가 잘 간직하였다. 아테나-팔라스는 그 심장을 제우스에게 가져왔고, 제우스는 그 심장을 바라보면서 부활시켰다. 그리고 이렇게 말하였다: "오, 자그레우스여, 너는 나의 영원한 계획 속에서 낳으려고 결심했던 존재이다. 오, 나의 아들이여 ... 오, 너는 나보다 더 나은 신이다. 오, 심장인 신이여."[40]

그때부터 아버지와 아들은 같은 에너지 체계의 두 극으로 존재하고, 아버지-제우스(사회질서, 모임, 환대, 환상, 아궁이 등)의 수많은 표상에는 그에 못지않게 많은 아들-디오니소스의 표상들이 연계되게 된다. 그리고 디오니소스의 수난을 기념하는 의식을 집전할 때 거룩한 열정에 사로잡힌 디오니소스 여사제들의 입술에서는 그 노래가 음송된다. 그래서 니체는 "올림푸스의 신들은 디오니소스의 미소(微笑)에서 태어났고, 인간은 그의 눈물에서 태어났다. 디오니소스는 그의 갈가리 찢긴 신의 실존 안에 잔인하고, 야성적인 악마의 본성과 관대하고, 부드러운 군주라는 이중의 본성을 지니고 있다"[41]고 주장하면서, 그 나름대로 아폴론-디오니소스의 양극 체계에서 조형예술을 아폴론, 음악을 디오니소스에 비유하면서 설명하였다. 그런데 아테네풍 비극에서는 그 둘을 대극합일의 꿈과 도취 안에서 재통합한다. 어쨌든 니체는 거기에서 아폴론의 조형성과 엑스터시를 통한 디오니소스[42]의 중요성을 제우스의 권력으로 재통합하게 한 오르페우스파 신비주의—거기에서 주된 신은 파네스(에로스)—의 입장을 다시 취하였다. 피타고라스파의 신비주의의 신앙도 오르페우스파 신비주의의 신앙과 다르지 않고, 그 두 신비주의는 기독교의 헬라주의적 기반을 만들게 한다.

간단하게 말하면, 여성에게 있는 남성의 상상계는 그리스를 비롯한 그 주변 지역에서 온 것이다. 역사가들은 디오니소스 예배에 여성들이 많이 몰려드는 이유는 그 신이 규방에 갇혀있던 여성들에게 해방감을 불러일으켰기 때문이라고 설명한다.[43] 그녀들이 실제로 갇혀있든지 아니든지 상관없이 여성들은 해방되기를 동경한다. 여성의 존재는 하나이지만, 여성들에게는 많은 얼굴이 있다. 융도 우리들에게 여성의 아니무스는 많은 측면을 가지고 있다고 주장한다.[44]

그와 반면에 융은 남성들의 아니마는 유일하다고 우리에게 말하지만, "영원한 여성상"인 여성은 남성에게도 하나가 아니다. 그것은 우리가 아크로폴리스 박물관에 있는 데메테르의 딸들인 코레(Koré)들을 떠올려 보기만 해도 되는데, 판테온(萬神殿) 기둥 아래 있는 성토(盛土)에서 아름다운 처녀들로 발견되었다. "은혜는 날개를 달고, 춤을 추며, 꽃과 동물로 나타나는데, 그 모습이 아주 다양하다. 도리아의 코라이, 이오니아의 코라이 ... , 모두 황홀한 대리석으로 만들어져 있다. 그리스적 성향을 고취하는 위대한 자 ... , 은혜가 감도는 옆모습은 매우 여성적이고 ... , 동그란 모습이 두드러져 보이는 꿈꾸는 듯한 부드러운 모습이다. 오늘날뿐만 아니라 영원토록 꿈꾸는 이들의 잠 속에 자주 나타나는 관능적이면서 동시에 영적인 존재 ... , 그 유명한 고태적인 미소에 의해서 활성화된 존재이다."[45] 이것은 미개간지와 키벨레의 본능적이고, 식물적 본성을 가장 완곡하게 미학적으로 표현한 것이다.

분석심리학에서 부성상과 모성상 다음에 개성화과정을 이끌어가는 것은 아니마와 아니무스이다. 남성은 평생—또는 거의 평생—동안 모든 여성들(모든 코레들)[46] 속에서 여성상을 찾고, 여성은 단 한 남성(디오니소스-자그레우스와 디오니소스-바쿠스) 속에서 모든 남성을 찾는다. 그래서 남성은 의식의 수준에서 안정되지 못하고, 무의식의 수준에서 충실하지만, 여성은 의식의 수준에서 안정되고(여성은 무엇보다도 가정을 꾸리고, 아이를 낳는다), 무의식의 수준에서는 충실하지 못하다(여성이 그의 남자를 속이면, 남성이 간통을 했을 때보다 일반적으로 상황이 더 심각해진다).

아니무스에 사로잡힌 여성은 모든 일에서 자신의 견해가 옳다는 환상을 가지고 있으며, 일정한 견해가 없이 변덕스럽다. "(그녀는) 설교단에서 큰 소리로 떠들어야 하는 사물과 이성과 평범한 진리들의 진정한 법전이다"(Jung). 하지만 그렇게 될 때, 그녀는 그녀의 여성성을 모두 잃게 된다. 한편 아니마에 "사로잡힌" 남성은 완전히 여성화되어서 변덕스럽기 그지없고, 지극히 감상적인 기분에 빠지곤 한다. 그런 여성이 편집증적 성향을 가진, 따지기 좋아하는 사람으로 된다면(권력욕), 그런 남성은 히스테리적인 "감상가"가 된다(인정욕). 물론 여기에서 융이 무의식적 충동을 보상한다는 페르조나를 감안하기는 해야 한다. "아니무스-여성"은 겉으로 지극히 여성적인 가면—겉치레—을 쓸 수 있고, "아니마-남성"은 지극히 남성적인 인물이 될 수도 있다. 그래서 융은 "비스마르크는 울면서 신경질적으로 소리를 질렀고, 바그너는 잠옷에 비단 리본을 주렁주렁 달았다"고 하였다. 정리해서 말한다면, 결국 지극히 여성적인 여성과 지극히 남성적인 남성 사이에는 그렇게 많이 알려지지 않았지만 그의 아니마 때문에 "레즈비언적인 남성"(양성애자이지만, 여성적 인격을 가진 남성)과 "유아성욕적 여성"(겉으로는 양성애자이지만, 심층적으로는 동성애자)은 물론 레즈비언 여성으로부터 유아성욕적인 동성애 남성에 이르기까지 동성애적 행동을 하는 수많은 사람들을 포함시켜야 하는 것이다. 물론 우리 모든 사람들도 때때로 기분이 이상해질 때도 있다. 그것은 우리도

에로스, 디오니소스, 아도니스, 아티스 ... 프시케, 코레, 아프로디테, 키벨레 ...처럼 모두 안드로진이기 때문이다. 아니무스와 아니마의 치료는 우리가 그 정신-신체적인 진리를 상징화하도록 돕는데 주로 초점이 맞추어진다. 남성에게 그의 잠재적 여성성을 통합하게 하고, 여성에게 그녀의 잠재적 남성성을 통합하게 하는 것은 그와 그녀를 여태까지 남성이나 여성으로 살게 했던 실체로부터 분리시키고, 그것들을 하나의 심리적 기능으로 상징화시키는데 있는데, 그것(심리적 기능)은 우리들로 하여금 우리의 내면과 의사소통을 하게 한다. 그런데 그것은 지극히 여성적인 페르조나와 초남성적인 페르조나가 우리에게 가져다주는 가치와는 전혀 다른 주관적인 가치들을 알게 해준다.

안드로진으로 다시 태어나기 위해서 페르조나로부터 죽은 것은 우리가 제4장의 도입부에서 기술한 아티스-키벨레 신화에 잘 나와 있고, 분석심리학에서 말하는 개성화과정을 압축적으로 보여준다.

아니무스-아니마의 현현에 대해서 살펴보기 위해서, 우리는 잠시 임상사례 하나를 소개할 텐데, 그것은 우리에게 종교적 인간이 어떻게 우리 시대에 있는 수많은 기능적 인간(homme technologique)을 이끌 수 있는지 보여줄 것이다.

⁂

결혼을 한 37세의 남성이며 세 아이의 아버지인 뷔리단(Buridan)은 심장의 고통과 관련된 미소한 심장기능 부전 때문에 진료를 받으러 왔다. 그때 그는 가슴의 통증을 느끼고 있었으며, 심근경색의 위험도 있었다. 나는 그때 일반의로 진료했는데, 그를 살펴본 다음 정신과적으로 가벼운 안정제를 처방하였다.

나는 그의 가정의이기는 했지만, 그의 부부관계에서의 어려움에 대해서는 아는 바가 없었다. 게다가 그는 사회 계층으로 하위에 속해 있으며, 작은 사업체를 창업했는데, 그 일이 그의 에너지를 모두 빼앗고 있었다. 그는 그의 몸이 좋지 않은 이유는 주로 그의 사업 때문이라고 말하였다.

그는 3개월 후에 다시 방문하여, 증상이 다소 호전되었다가 다시 그 전처럼 심해졌고, 갑자기 그에게 심근경색이 찾아오지 않을까 하는 감정에 점점 더 사로잡히게 되었다고 주장하였다. 그때 나는 그를 심장병 전문의에게 의뢰했는데, 그 역시 그 사람이 "심장병 노이로제"라고 결론 내리면서, 그의 몸에는 아무 이상이 없으며, 특히 심장 혈관에 그 어떤 기계 장치도 넣을 필요가 없다고 하면서 그의 불안을 덜어주었다. 그리고 그에게 약을 조금 처방해주었다. 뷔리단은 다시 얼마 동안, 그 전과 비슷한 기간 동안 편안하게 지냈다. 얼마가 지난 다음 그는 나를 다시 찾아왔는데, 그때 그는 심근 경색이 곧 닥칠 것 같다고 하면서, 내가 지난번에 그를 심장병 전문의에게 보냈을 때처럼 응급실로 가야겠다고 말하였다.

그는 나에게 그의 결혼 생활의 어려움과 정서적 어려움을 토로하였다. 그는 지난 2년 동안 그가 그의 아내와 같이 있으면 한없이 무기력해지고, 그의 "가슴을 헤집어놓는" 괴물이나 복수의 여신처럼 보지 않을 수 없을 정도로 그의 아내를 미워한다고 하면서도 다른 한편으로는 그의 아내에 대한 애정과 공감을 보이기도 하였다. 그러면서 그는 거의 비슷한 무렵부터 그가 하늘과 땅에 있는 모든 것들을 갖추고 있는 듯한 젊은 여성을 알게 되었다고 덧붙였다. 그러나 그는 불행하게도 지난 9개월 전인 그의 심장에 통증을 느끼기 시작했던 무렵부터 그 천상의 아프로디테 옆에서도 무력감을 느끼게 되었다. 하지만 그는 그에게 그렇게 많은 행복감을 가져다주는 그의 애인과 같이 살기 위해서 그의 아내와 헤어지려고 여러 차례 생각하였지만, 그녀와의 성관계가 잘 되지 않은 것이 그 계획을 진전시키지 못하게 하였다.

그런 중대한 정신적 딜레마 앞에서 나는 그에게 정신치료자를 찾아가라고 하면서, 그의 정신세계를 엑스레이 촬영처럼 말해주는 꿈을 가지고 가라고 일러주었다.

그러나 그는 정신치료자에게는 가지 않았고, 다음과 같은 꿈을 가지고 몇 주 후 나에게 다시 찾아왔다: "나는 나의 아내 곁에 길게 누워 있다. 그녀가 나의 몸을 쓰다듬고 있을 때, 나는 내 몸의 아래 부분이 칭칭 감긴 뱀으로 된 것을 보았는데, 뱀의 머리와 목은 나의 성기 부분이었고, 거기에는 종기가 나 있었다. 나의 아내는 나의 성기를 손으로 애무하면서 흥분시켰지만, 나에게는 아무 느낌도 없었다. 그러나 나는 그 장면에 놀라고 있었다. 거기에서는 정액이 분출되었지만, 그것이 나의 것이 아닌 것처럼 나에게는 아무 감각도 없었던 것이다. 나는 절망하였다."

우리는 여기에서 뷔리단의 정신신체적 영역의 엑스레이 촬영을 보는데, 그것은 매우 특징적인 것이다.

먼저 그의 몸의 수평적 영역은 아주 대조적인 두 부분으로 나누어져 있다: 위 부분은 그가 완전히 참여하고 있는 "하늘의" 고상한 부분이고, 아래 부분은 그의 몸의 상체 부분으로 상징되는 자아 이상(페르조나)과 너무 멀리 떨어져서 그의 감각이 통합하지 못한 동물로서 뱀 모양이다. 우리는 그가 자아 이상을 그가 사회-직업적 성공(그가 운영하는 기업에서 그는 멋진 "기사"이다)과 동일시한 것을 알고 있다. 여기에서 뱀은 그의 파충류적인 성적 본능을 상징적으로 나타내는데, 그것은 이제는 그의 정부(情婦) 때문에 평가 절하된 아내와 그의 이상화된 정부 관계된다. 그래서 우리는 여기에서도 그의 신체 영역에서 수직적인 분할을 본다.

오른쪽 위에는 자아-이상과 페르조나가 있는데, 그것은 사업을 하는 "기사"(騎士)이다. 오른쪽 아래에는 버림받고, 억압되고, 평가 절하된 자아가 있는데, 그것은 오이디푸스적인 몸이다.

왼쪽 위에는 이상적이고, 천상적인 아니마가 있는데, 모든 번쩍이는 것들로 치장을 한 정부이다. 왼쪽 아래에는 뱀-남근과 연합된 미개간지의 아니마가 있는데, 버림받고, 억압되고, 평가 절하된 아내이다. 그녀는 모성-여신인 키벨레에게 돌려 보내지지 못했고, 남근의 희생을 요구하지도 않아서, 우리의 농경-달[47]의 의례와 관계되지 않는다. 물론 그 아니마는 그렇게 우리 환자에 의해서 아내=어머니라는 공식을 따라서 평가 절하되었고, 거기에 결부된 근친상간 금기가 덧붙여졌다. 같은 이유 때문에 그의 몸은 수평적으로 두 부분으로 나누어졌고, 그의 성기는 멀리 해야 하는 미개간지의 위험한 동물처럼 살고 있다.[48] 아내=어머니라는 공식에 아내-어머니=뱀이라는 공식이 덧붙여진다. 여기에서 남근적 모성에 대한 모든 제의적 표현과 신화는 물론 여성을 성기와 연결시키는 것들이 관계된다. 뷔리단의 정신-신체적 영역에는 아버지의 법(토템적이고, 천상적인)의 수준에 있는 모성적(미개간지) 남근으로 상징화되어야 하는 부성적 남근이 결핍되어 있다(아이들이 어릴 때, 어머니는 "아버지가 오면 야단칠 것"이라고 하면서 아이들에게 아버지의 이름으로 금지 명령을 하는데, 저자는 그것을 '모성적 남근으로 상징화되어야 하는 부성적 남근이라고 말한다. 뷔리단에게는 그것이 부족해서 신경증에 걸렸다는 것이다—역자 주). 이 강력한 남근적 원리(강력한 권력)는 뷔리단에게 여성적 상상계(모성의 아니무스) 수준에 머물러 있다. 천상적이고 남성적인 몸과 지하계적이고 남성적인 몸, 천상적이고 여성적인 몸, 지하계적이고 여성적인 몸 등 4 원수(元數)는 완전히 상상계에 속해 있어서, 뷔리단은 그의 이상화된 정부와의 관계에서 아무것도 할 수 없었다. 더구나 그의 자아-이상의 수준에서도 그가 하는 일들은 잘못된 것이었다. 그는 그의 일들을 제대로 하지 않았던 것이다. 그래서 사람들은 그에게 "결산서를 제출하라"고 하였다. 그런 보상에 의한 사회적 신분의 상승은 잠시 환상을 주면서 상상계 수준에 있을 수 있지만, 실재계의 검증을 끝까지 받지 않을 수는 없는 것이다.

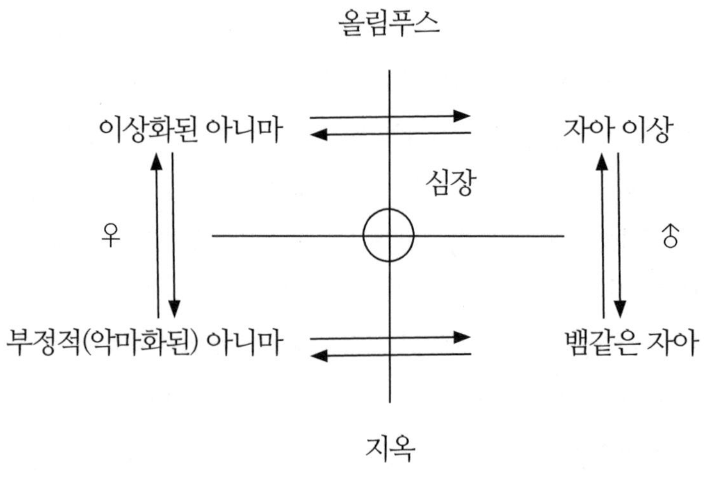


따라서 뷔리단의 정신-신체적 영역에 있는 네 개의 중요한 점은 상상계적인 것이고, 그것은 그것들의 "현실적 지표"는 취약하다는 것을 의미한다. 상상계에는 "이미지들에게 자기를 사로잡히게 하는"(라캉) 사람들의 속성이 들어 있다. 그러나 그 이미지들은 사변적인 것이고, 거울 속에 들어 있다. 그래서 자아-이상은 신기루이고, 오이디푸스적 자아도 마찬가지이다. 이상화된 아니마와 평가절하된 아니마도 그렇다. 왜냐하면 나르시스적인 지각, 즉 주관적 지각(환각적이고, 투사적인 지각)이 지배적이기 때문이다.

히스테리적인 사람이 이 세상에서 사는 상황은 그렇다. 그런데 모든 사람들은 어느 정도 그렇게 산다. 나는 누구인가? 나의 진정한 자아는 어디 있는가? 나는 남성인가? 여성인가? 우리는 히스테리 환자에게 그런 질문들을 던지는데, 우리에게 던지기도 한다.

뷔리단의 그 다음 이야기는 우리에게 "상상계적인 병"은 우리가 몰리에르 이래 계몽주의 시대에 믿었던 것이 괜한 말이 아니었다는 사실을 보여준다. 그가 이 꿈에 대해서 이야기를 한 며칠 후 그의 아내가 방문하여 그는 심장병 진단을 받으러 응급 후송되었고, 심근경색 처치를 받았다고 이야기하였다. 그 얼마 후 나는 그 사고는 그가 그의 정부와 같이 있을 때 일어났다는 사실을 알았다. 우리가 원하든지, 원하지 않든지, 또는 받아들이든지, 받아들이지 않든지 간에 그들이 현대사회에서 다른 세속적인 이름을 가진 것으로 보아서, 미개간지의 영들과 신화의 신들은 죽지 않은 것이 틀림없다는 생각이 든다. 주술의학은 경험적이고, 과학적인 의학에 의해서 완전히 정복되지 않은 것이다. 오늘날 정신분석학이 영혼의 의학에 대해서 제공하는 상징들도 마찬가지로 인간의 정신발생적인[49] 신성력의 힘을 파괴시키지 못하는 것이다.

이제 우리가 신화론과 유대-기독교의 성상(聖像) 그림들을 살펴보면, 우리는 뷔리단의 네 개의 중요한 지점들은 우리가 잘 아는 신화적이고, 설화적이며, 영웅적인 인물들로 변환되는 것을 살펴볼 수 있다. 뷔리단의 천상적이고, 남성적인 몸은 용을 쓰러트린 "기사" 성 조지나 대천사 미카엘이고, 그의 천상적이고, 여성적인 몸은 그녀의 발뒤꿈치로 사탄인 뱀의 머리를 짓밟은 성 처녀이다. 그러므로 우리는 뷔리단의 만달라인 그 거룩한 공간의 완전한 도식을 얻기 위하여 위에서 말한 화살표로 표시된 네 개의 항목에 두 개의 대각선을 덧붙일 수 있을 것이다.

해부학적이고, 은유적인 뷔리단의 심장은 만달라의 중앙인 교차점에 있다. 그것이 대천사의 창과 결합된 성 처녀의 발뒤꿈치에 저항할 수 없는 것은 자명(自明)한 일이다.

그러나 신들은 너그럽다. 그들은 종종—우선적으로 거의 언제나—단순하게 경고하는 것으로만 끝내기도 한다. 그래서 뷔리단은 몇 주 동안 "요양"을 한 다음, 원기를 회복하고, 퇴원하여 그가 그 전에 신들에게 "계산서를 지불했던 것"처럼 다시 맹렬하게 활동하였다. 그 다음에—그로부터 상당히 많은 시간이 지난 다음에—그는 그의 아내와 정부를 떠나서, 그를 근본적으로 양가적인 상상계로부터 구출할 수 있는 제3의 인물과 함께 살았다. 그러나 그런 일이 가능하게 되기 위해서, 그는 먼저 "농경-달의 신비한 희생제의"를 치러야 했다. 그는 처음에는 거세되어야 했고, 그 다음에 죽음을 겪어야 했으며—그 두 가지는 근접해서 이루어졌다—무덤에 갇히고(병원), 지옥(의사들의 "고문")에 내려갔고, 결국 부활하게 되었다. 이것이 우리가 모든 정신-신체적인 질병과 대부분의 일반적인 질병의 중심에서 살펴볼 수 있는 회개(metanoia)의 도식이다. 우리는 주술의학의 사례를 살펴보기 위해서 석기시대나 고대로 올라갈 필요가 없다. 종교적 인간(*homo religiosus*)은 언제나 있기 때문이다. 그 심층을 들여다보면 언제나 병은 죽음에 대한 생각과 분리되지 않는다. 우리는 위에서 이미 그런 생각이 부정한 것과 병과 죽음이 동일시되는 것에서 살펴보았다.

결국 모든 병은 죽음의 씨앗이고, 그렇기 때문에 병은 비슷한 방식으로 정복될 것이다. 그것은 문명이 죽음을 부정하려고 하는 것과 같다. 죽음이라는 상태는 수많은 거룩한 것의 현현(hiérophanie) 가운데서도 매우 특별하고, 본래적으로 성별된 상태이다. 그러므로 지구상에서 죽음에 대한 예배의 최초의 흔적은 자연을 문화와 구분하고, 영장류 가운데서 유인원과 인간을 나누는 기준이 된다. 그런데 죽음 다음의 삶에 대한 신앙은 영혼에 대한 신앙보다 앞선다. 태초부터 사람들은 그들이 죽은 다음에도 살아 있을 때와 똑같은 방식으로 실존이 지속될 것이라고 믿었고, 그것은 아주 자연스러운 일이다.

쓰러진 원수가 밤중에 복수하려고 오기 때문에, 시체에서 손을 자르거나 무덤에서 발목을 자르는 풍습도 생겼다. 어떤 나라에서는 살인자들의 악행을 완전히 끝내게 하기 위해서 그들의 몸을 땅바닥에 박아 놓기도 했는데, 그런 제도가 없어진 것은 그렇게 오래 되지 않는다. 장례식에서 봉헌이 이루어지는 것도 똑같은 믿음 때문이다: 장례식에서는 음식물, 옷, 무기 등이 같이 묻혔고, 파라오의 무덤에는 심지어 궁정에서 가깝게 지냈던 사람들도 같이 묻혔는데, 그들은 그들의 주인을 죽은 다음에도 섬기기 위해서 그들의 목숨을 희생시키는 것을 주저하지 않았다.[50] 그러다가 영혼에 대한 믿음이 생겼을 때, 오랫동안 영혼이 몸을 모델로 해서 생각되었기 때문에 장례식에서 그 어느 것도 바꾸면 안 되었다. 그 다음에 점점 죽은 자의 왕국에 대한 관념이 덧붙여졌는데, 처음에는 그곳을 불쌍한 영혼이 가련한 삶을 사는 침울하고, 우울한 "열등한 세계"라고 생각되었다. 그것은 바빌로니아의 서사시 길가메쉬에서 영웅이 끊임없이 죽음에 대한 불안을 떨쳐버리지 못하는 것에서 나타난다. 길가메쉬는 죽은 그의 친구 엔키두가 "내가 보았던 대로 지하 세계의 상황에 대해서 너에게 말하면, 너는 네가 앞으로 살아야 할 날들 동안 울지 않을 수 없을 것이다"라고 말하자 전혀 마음을 달래지 못하였다. 오디세이에서 아킬레스는 죽은 다음에

이렇게 외쳤다: "나는 죽은 자들의 왕국에서 왕자가 되는 것보다는 차라리 몰인정한 농부의 집에서 하루 종일 근근이 먹을 양식을 얻기 위하여 땅을 갈기를 원한다." 그러다가 점차 신들의 친구 등 혜택을 받은 자들은 죽을 운명에서 벗어날 수 있게 되었고, 죽지 않는 자들과 함께 지내는 복지(福地)로 옮겨갈 수 있었다. 먼저 족장들과 사제들, 왕과 귀족들이 그럴 수 있었고, 나중에는 비의(祕儀)의 입문자들이 그랬으며, 마지막에는 구원론적인 종교의례를 모두 지키는 것을 통해서 입문자처럼 여겨지는 모든 사람들이 그럴 수 있었다(구원 받았다).

우리는 지구상에서 가장 먼저 살던 시대의 사람들에게서도 이미 어쨌든 오직 인간만이 다가갈 수 있는 신비에 대한 밀의적(密儀的) 연상들과 만날 수 있다. 그것은 아마 우리가 생리를 하는 여성과 피를 흘리며 해산하는 여성을 불결한 존재로 생각했고, 우리가 앞에서도 보았듯이—그것은 부분적으로 여기에서 비롯되었을 것이다—여성들을 미개간지의 사악한 세력들과 동일시했기 때문일 것이다. 요컨대 여성은 역설적이게도 어린아이들을 둘러싸고 있는 가정의 응집 요소였으며—언제나 그렇기는 하다—우리는 여성이 얼마나 남성들에게 거세와 죽음을 요구할 정도로 모성-여신의 지배력을 행사했는지 살펴보았다. 남성들이 그렇게 하면 할수록 여성들에게 복종해야 되는지도 모르고 여성들을 사회의 중심에서 배제시키면서, 여성들로부터 해방되려고 했는지 하는 것을 보는 것은 놀랄 만한 일이 아니다.[51]

바빌로니아와 이집트의 고대 비의(祕儀)의 핵심에는 생명의 신, 그의 죽음, 수난, 부활, 그리고 식물을 모델로 삼아서 결국 죽음과 파괴의 세력에게 승리하면서 끝나는 투쟁이 들어있다. 그러나 그런 수난을 겪는 개인적 신비가들이 이미 있었다고 할지라도, 그런 사람들은 그렇게 많지 않았고, 그들은 거의 예외적으로 생명을 갱신시키려고 하였음을 알 수 있다.

이와 달리 그리스의 비의와 특히 헬레니즘 시대(알렉산더 대왕 이후)의 비의에서 우리는 신비가의 개인적인 삶이 그 중심을 차지하는 것을 본다. 모든 입문자들은 개인적으로 빛의 세계에 다가가려고 했으며, 거기에서 그들은 영원한 생명을 얻으려고 하였다.

고대 동양의 비의로부터 그리스적이고 헬레니즘적인 비의에로의 이행은 매우 중요하다. 왜냐하면 그것은 부족의 집단적 자아로부터—죽음에 대한 개인적인 승리가 아니다—집단과 다르고, 집단에 맞서서 그 자신의 자율성을 주장할 수 있는 개인적인 자아로의 전환을 가리키기 때문이다. 그것은 여태까지 오직 추장, 마술사 또는 사제들만이 그럴 수 있었던 것이다.

비의 종교는 (토템-하늘의) 천공신 종교와 (미개간지의) 지하계 종교 사이에 있는 듯하다. 현대 사회에서 아무리 비의들이 거룩성의 두 개의 다른 현현과의 관계에서 나오지만 그것은 사실이다. 비의들은 아마 우리가 프리지아의 키벨레에서 보듯이 대지-모성신의 가슴에서 나오는 것처럼 아주 일찍부터 나타났다. 디오니소스-자그레우스—지하계, 그 아버지에 대해서 우리는 더 이상 올림푸스의 신(제우스)이라고만은 할 수 없다—의 탄생은 그것을 잘 보여준다. 더구나 키벨레의 아들-연인인 아티스는 물론 코레-페르세포네의 아들인 디오니소스-자그레우스는 그들의 기원을 통해서 우리에게 부성 이미지와 모성 이미지가 가진 역동을 이어주면서 아들 원형의 중심에 있는 아니무스의 이미지와 아니마의 이미지의 출현(현현)을 보여준다.[52] 비의들에서 보이는 원형적 역동에서 모성적 세력이 두드러지게 부각되는 것은 틀림없는 사실이다. 거기에는 무엇보다도 원초적 인간이 "부성-문화"의 상징적 지위를 얻기 위해서—식인풍습과 근친상간으로 대표되는—

"모성-자연"의 소외시키는 세력으로부터 해방되려는 것이 들어있는 것이다.

여기에서 중요한 것은 부족의 집단적 인격의 둘레에 머무르던 것으로부터—그때는 혼합된 것밖에 없다—개인적 인격을 만드는 것이다. 그렇게 하기 위해서는 식물의 젊은 신이 미래의 계절에 잿더미로부터 재탄생하는 것이 제의적인 드라마로 확인되어야 한다. 그래서 사람들은 그 모범을 따라서 명백한 죽음 저 편에 있는 새로운 생명으로 다시 태어나는 것을 확인하기 위하여 젊은 신과 동일시되어야 한다. 그래서 엘리아데는[53] 이런 현현을 그가 "농경-달"의 원형이라고 부른 것의 자리에 놓았다. 그 말에서 "농경"이라는 것은 자연에 참여하기 때문이고, "달"이라는 것은 그것이 태양과 땅 사이(우라노스와 가이아)에 있기 때문이다. 그래서 사람들은 식물이 자라고, 달이 운행하는 것 속에서 스스로를 보고, 또 되돌아본다. 신인동형동성론적(환각의 영역) 비전으로 볼 때, 달은 비장하기도 하고, 위로가 되기도 한다. 달은 모습이 변환되고, 없어지기도 하며, 주기적으로 제 모습으로 돌아오는 것이다. 달에는 죽음과 수태와 부활이 있는 것이다. 그래서 달에는 이야기가 있고, 달에서 입문의례를 찾아볼 수도 있다.

그 현현들에 대한 연구는 우리에게 네 가지 중요한 요소들을 보여준다.

1. 비옥성: 물, 식물, 신화적 조상과 여성 등이다.

2. 주기적인 재생: 그것은 뱀의 변환의 상징으로 나타난다. 사람도 물의 재난(홍수)에서 살아났다. 죽음과 입문의례적인 부활을 한 것이다.

3. 시간과 운명: 달은 운명을 짜고, 그것들을 두드러지게 우주적 평

면과 상이하거나 정반대되는 실재들과 잇는다.

4. 대극의 일치와 결합: 보름달과 초하루의 달, 위에 있는 세상과 아래 있는 세상, 원수인 형제, 선과 악, 잠재적인 것과 현실적인 것, 어둠과 빛, 죽음과 삶 등을 생각할 수 있다.

리듬은 드라마와 비장함 속에서 반대되는 것들이 이어지면서 실현된다.

그러므로 사람들이 아주 일찍이(탄트라 요가에서도 마찬가지이다) 달과 해를 "통합"시키려고 했던 것은 별로 놀라운 일이 아니다. 다시 말해서, 반대되는 양극성[54]을 극복하고, 갈등이 있음에도 불구하고 새롭게 조화를 이룬 통일체로 창조하려고 했던 것이 놀라운 일은 아닌 것이다.

베르뜨로(Berthelot)[55]는 이 농경-달의 "접합"(接合)이 원형적 보편성을 가지고 중국, 인도, 멕시코 및 유대-기독교문화처럼 서로 다른 많은 문화의 심층에 자리 잡고 있는 천체-생물 병행론적(astrobiologie: 천체의 운행과 생물의 생장 사이에 병행되는 것이 있다는 이론—역자 주) 주기의 중심에 있다는 사실을 밝히려고 하였다. "우리는 천체-생물 병행론이 사회적인 측면은 물론 개인적인 측면과 보편적인 것들을 설명하는 측면에 광범위하고 단일한 설명 체계가 된다고 말할 수 있다."[56] 또한 귀스도르프(G. Gusdorf)[57]에 의하면, 그런 것으로 법에 대한 생각의 씨앗과 우주의 규칙성에 대한 의식화의 초기 생각 등이 있다. 중국인들의 도(道)와 그리스인들의 모이라에 대한 생각들도 우주를 과학적인 비전으로 보게 준비시킨 상(像)일 것이다.

그러므로 이 농경-달의 드라마 전개는 언제나 젊은 신의 수난(바빌로니아의 타무즈와 마르둑, 그 다음에 프리지아의 아티스와 디오니소스가 있고, 헬레니즘 사회로 이어진다. 이집트에서 오시리스도 마찬가지이고, 헬레니즘 사회에서 오르페우스, 로물루스, 헤라클레스, 율리시스, 미트라, 그리스도도 제외시켜서는 안 된다)으로 이루어지는데, 그들은 모두 농경-달 여신의 아들이나 오라비-연인이다. 그 드라마 연출에는 수난이 요청되는데, 그것은 가장 고대의 연극에서 여신 자신에 의해서 주어지거나(우리는 그것을 아티스와 키벨레의 경우에서 보았다), 좀 가까이서는 아버지-신에 의해서 주어진다(우라노스, 태양신, 올림푸스 신, 야훼 등).[58] 그런 연출은 자성(子性)의 원형적 역동의 표현이다. 다시 말해서 모성(母性)과 부성(父性)의 원형적 역동에 의해서 갇혀 있던 아니무스와 아니마의 탄생에서 생겨나는 것이라는 말이다.

이제 우리들도 아들을 낳아야 한다고 말하는 시간이 왔다. 그때 우리는 우리보다 앞서 갔던 문화, 그 나름대로 새로운 아들을 낳았던 문화와는 다른 좀 더 체계적인 방식으로 그 일을 감당해야 한다. 가이사의 것은 가이사에게, 하느님의 것은 하느님에게 돌리는 방식으로 해야 하는 것이다.

# 제2부

# 입문의례의 체계

# 제1장
## 고태적 사회의 입문의례

발달의 그 어떤 단계에 있든지 간에 모든 인간 사회에서 가장 중요한 문제 가운데 하나는 생명을 보존하는 것이었다. 그 이유는 다른 중요한 문제가 파괴였기 때문인데, 그것은 지금도 마찬가지이다. 인간은 그렇게 만들어진 것이다. 그런 의미에서 우리가 모든 "국방" 예산을 암을 정복하는데 배정한다면, 암은 곧 정복될 것이라고 나는 생각한다. 그럼에도 불구하고 나는 인간의 본성과 생명은 일반적으로, 그리고 우주도 전체적으로 그렇게 "작용하기" 때문에 "결합의 신성"은 "해체의 신성"과 대립된다고 생각한다. 우리가 그것을 삶과 죽음이라고 부르든지, 결합과 해체라고 부르든지 간에 우주는 두 개의 대립된 것들로 존재하는 것이다. 같은 실재에는 두 개의 역동적이고, 변증적인 극(極)이 있고, 그 두 극이 없다면 그 어떤 에너지도 있을 수 없고, 그에 따라서 생명과 에로스도 있을 수 없다. 프로이드에 의해서 엠페도클레스(아리스토텔레스가 수사학의 창시자라고 부른 그리스의 철학자. 그는 그의 신성을 보여주려고 에트나 산의 분화구에 스스로 몸을 던졌다—역자 주)적인 힘을 지닌 것으로 위상이 높아진 죽음의 충동 역시 에로스(생명의)의 "장"(場)에 있으며, 우리가 마술사를 성인의 그림자라고 했듯이 에로스의 그림자이다. 다시 말해서 죽음은 생명이 전개되는 장에 같이 존재하는 것이다.

그래서 나는 인간 사회에서 결합력이 우리가 "대극의 통일"이라고 규정한 역동적 체계 속에서 해체력과 좋은 관계 속에서 작용한다고—하기를 바란다—믿는다.

그럼에도 불구하고 나는 그 어떤 "주의"(-isme)를 신봉하면서 "내일이면 다 될 것이다"는 믿음에 근거한 유토피아적인 복지(福地)에서 살지 않는다. 나는 문제가 되는 그 "주의"를 인간 발달의 기본적인 매개변수에서 제외시키지 않고, 그것을 단지 상대화하려고 한다. 우리는 지금 우리가 하려는 작업을 위한 통찰을 가지고 있다. 그 작업을 완수하는데 필요한 원형, 콤플렉스, 이마고, 상징이라고 우리가 부르는 개념들을 가지고 있는 것이다. 문화적으로 상징화가 하나의 상징에서 다른 상징으로 발달하려면 옛날에는 수천 년이 걸렸다. 나는 인간 정신 발달의 지표가 지난 세기 동안 눈에 띄게 이루어졌다고 생각한다. 그러나 그 과정에서 숨 가쁜 순간들도 있었고, 나치즘이나 여러 종류의 전체주의 같이 두려워해야 하는 "억압된" 해체의 신성이 다시 등장하기도 하였다. 그러므로 그런 해체력의 증거를 부정하거나 그것을 배제하려고 억압해서는 안 된다. 그렇게 하기는커녕, 오늘날 그 고태적인 파괴력은 점점 더 강화되고 있다. 어떤 동물이나 사람을 묶어놓으면, 그 동물이나 사람은 더 화를 내고, 사나워진다. 오늘날 그런 "주의들"이 더 자주 나타나는 이유는 거기에 있다.

우리는 그 동안 어떤 부족에서 상징화의 능력은 오직 한 사람이나 두 사람(마술사, 부족장)에게만 특권적으로 주어졌다는 사실을 살펴보았다. 그들은 그 능력을 악마와 그 부족의 다른 구성원들이나 정신병자들(비개인적으로 된 집단적 자아)의 신(콤플렉스와 원형적 이마고)을 중재하여("상징적 타자") 그 집단의 상상계로 데리고 간다. 그 때부터 우리는 소외의 극복으로 발걸음을 내딛게 되고, 개인적 구원이 집단적 구원으로 대체되고, "보편적" 생명의 재탄생으로 대체될 때 개인적 자아의 소외가 극복되는 것을 주목하였다. 오늘날 모든 사람들은 그들을 작은 마술사와 그의 고유한 인격의 작은 부족장으로 만드는 작은 개인적 자아를 가지고 있다. 그것은 사실이며, 신에게 감사할 일이다. 그러나 현대인들의 미개간지에서 선과 악의 이원론이 너무 강하고, 현대인들이 추구하는 하늘에서는 프롤레타리아와 자본주의가 너무 대립되어 있지 않은가? 오늘날 공산주의와 자유주의는 사람들의 마음에—힘과 중요성의 면에서—기쁨을 안겨준다고 편집증적으로 이끌고 가는 두 개의 신성한 극(極)이다. 이론적으로 볼 때, 노동조합은 소외된 주체들에게 집단적인 힘을 각성시키고, 인간으로서의 그들의 존엄을 의식화—오늘날 "정치의식"이라고 불리는—시키는 것을 목적으로 한다. 그런 의미에서, 노동조합은 고대와 선사시대의 신비를 간직한 비의 결사체의 자리를 차지하고 있다. 대극의 정-반-합(통합이 아닌)이라는 변증법적 구도가 완전히 똑같은 것이다. 저 멀리 있는 것이 여기에도 있는 것이다. 오늘날 이 세상에는 그렇게 많은 시끄럽고, 요란하고, 무질서하며, 열광적인 새로운 세력들이—아티스, 탐무즈, 디오니소스 등이 신화와 같은—조심스럽게 나타나서 서로 겨루고 있다. 우리는 그것들이 어디서 왔는지 알지 못한다. 그것들은 키벨레의 제단석처럼 멀리 떨어져 있지만, 이 세상 역시 사람들이 스스로 만들어놓은 세상이 아니고, 그녀는 공산주의-자본주의라는 역동적인 양극에 대해서 할 말이 아주 많다고 우리에게 끊임없이 외친다. 그런데 우리는 이 양극 체제가 벌써 100년 이상 되었고, 모든 것이 잘되고, 세상이 더 잘 되려면 어느 한 체제를 다른 체제로 바꾸면 된다고 생각해서는 안 된다. 한 나라에서 자본주의와 공산주의 같은 경제체제는 그 나라의 전반적 운용(運用)의 궁극적 목적이 아니기 때문이다. 집단적 구원은 언제나 개인적 구원이 선행된 다음에 가능하다. 그와 반대되는 것은 수용소와 같은 세상이 되는 경우가 많다. ... 1968년 5월 프랑스에서 새롭게 태어난 젊은 신은 그 전에 태어난 1789년의 신이나 1917년(1789년은 프랑스 혁명, 1917년은 레닌이 러시아에서 공산주의 혁명을 시작한 해—역자 주)에 태어난 신과 다른 열망을 가지고 있을 것이다.

68년의 신은 어쩌면 1949년 중국에서 태어난 신과 비슷한 점이 있기는 하지만 같아질까 봐 조심해야 한다. 그는 중국의 신이 그의 아버지(러시아 혁명의 신)의 죽음을 극복하고, 끝까지 나아가서 증거들을 보여주기를 기다리고 있다. 그 신은 그가 태어난 배경이 중국의 그것이 태어난 배경과 전혀 다르다는 사실을 잘 알고 있다. 그리고 그는 이제 태어난 지 7년밖에 되지 않는 아주 젊은 신이다. 더구나 나이뿐만 아니라 그 밖의 모든 것들이 모든 면에서 매우 다르다.

이 모든 것들 앞에서 인간의 역할은 무엇인가? 인간의 작은 자아의 역할은 겉으로 보기에 아주 작은 것이 틀림없는 사실이다. 그러나 인류가 작은 걸음을 내딛으면서 앞으로 나아가는 것은 한 사람의 인격에 있는 작은 마술사와 작은 족장이 새롭게 상징화되면서 앞으로 나아가는 것을 통해서이다. 더 큰 마술사, 더 큰 족장은 집단을 위해서 그런 임무를 감당할 만한 성현(hiérophanie)을 육화(肉化)한 사람들의 몫인데, 그들이 왜 그렇게 되고, 어떻게 그렇게 되는지는 종종 그들조차 모른다. 그들은 단순히 그때 어떤 특별한 특성—우리는 그것을 보통 천재성이라고 부른다—을 가지고 거기에 있었고, 그 거룩한 것의 신성력에 사로잡혀서, 그것을 따라서 행동하였다. 그때 신성력은 그들 속으로 들어가서, 그들을 경악하게 하였으며, 감염시켰고, 부풀게 하였으며, 확장시켰고, 변환시켰다가, 다시 그것이 왔던 것처럼 사라졌다. 그러나 사람들은 그것이 언제, 어떻게, 어디로 갔는지 모른다.

우리는 여기에서 1968년 "운동"의 분출, 매혹적이고, 열광적인 절대타자—한 마디로 해서 신성력이라고 말할 수 밖에 없는—의 분출 앞에서 경악한 늙은 족장, 드골의 당황스러운 하야(下野)를 떠올리게 된다. 그날 그 늙은 족장은 어떤 의미에서 그의 치세가 끝났음을 알았다. 68년 5월의 "마술사들"은 그 현장을 떠났다. 거기에서 그 어떤 "족장"도 탄생하지 않았지만, 산업 문화(자본주의적이고-마르크스적인)는 탄도학적으로 급격하게 방향을 수정하였다.

우리는 이제 그 원형적 신비의 심장, 즉 의미와 진리와 가치의 개인적이고 집단적인 변환의 도가니를 살펴보려고 한다.

### 1. 북아메리카 마단스 족의 입문의례

예를 들어서, 우리는 앞으로 북아메리카 원주민, 더 정확하게 말해서 수(Sioux)족의 일파인 마단스(Maadans) 족의 입문의례에 대해서 살펴보려고 한다. 케틀린(G. Catlin)[59]은 마단스족의 입문의례에 대해서 매우 자세한 기록을 남겼다.

이 세상은 지고의 두 존재가 나누어 가지고 있다: 하나는 위대한 영(Grand Esprit)이고, 다른 하나는 그보다 더 오래 되고, 더 강한 악한 영(Esprit Mauvais)이다.

더 맛이 있는 사냥거리가 많은 좋은 사냥터인 위대한 영의 낙원은 오직 신비의례를 거친 입문자에게만 접근이 허락된다. 그래서 많은 젊은이들은 입문의례의 고통을 받으려고 하였다.

입문의례는 일 년에 한 번 식물에 새싹이 돋을 때 거행되었다. 꼭두새벽부터 한편에서는 그 마을의 지도자들과 전사(戰士)들이 전투복으로 차려 입고 있는데, 다른 편에서는 여인들과 어린이들이 아주 요란스럽게 그들의 오두막 지붕 위에 모여들어 그 마을의 서쪽에 있는 거대한 초원으로 눈길을 돌리고 위대한 영의 메시지를 기다린다.

"첫 번째" 사람이 지명되면, 그 다음 사람들은 그가 도착할 때까지 기다린 다음, 그를 맞아서 치료자의 오두막으로 안내한다. 그 오두막의 문은 의례 기간 동안 아주 가끔씩 밖에는 열리지 않는다. 전령(傳令)은 네 명의 지도자들 곁에 앉아 있다가 그를 준비시키기 위하여 그 방으로 들어간다. 그 다음에 거기 있는 모든 오두막에 들어가서 그 축제에 참가하기 위하여 기다리고 있던 그 전에 의례를 통과한 사람들을 살펴본다. 그는 그들에게서 이런저런 물건들을 받는데, 그것들은 그 예식이 끝날 때, 강(江)의 신에게 제물로 바쳐질 것들이다. 그리고 그는 그 입문의례에 참가할 후보자들을 의료 오두막에 불러 모으고, 그들에게 그들의 용기를 보여 달라는 취지로 일장 훈시를 하면서 그들을 초대한다. 그 다음에 그는 위대한 영의 담뱃대를 가지고 담배를 피운다.

그는 담배를 다 피운 다음, 그가 그 예식을 인도하려고 선택한 나이가 매우 많고, 얼굴에 노란색을 칠한 마술사를 들여보내고, 그 후보자들, 마을의 지도자들, 전사들에게 인사를 하고, 그 예식 기간 동안 내내 멀리 떨어져서 지낸다.

그 치료자(마술사)와 조수는 앞으로 4일 동안 잠도 한숨 자지 않고, 금식을 시작할 후보자를 도와주러 오도록 위대한 영에게 기도드리기 시작하는데, 수련자들에게 그렇게 하는 것은 그들을 그런 방식으로 약하게 만들어야 환각적인 흥분 상태에 더 잘 빠지고, 입문의례에서 고통을 받는 동안 의식이 어느 정도 소거되기 때문이다.

수련자들의 머리 위에는 그들의 무기들이 있고, 땅바닥에는 밧줄과 나무로 만든 쐐기와 그들을 단련할 도구들이 있으며, 그 집 가운데는 들소와 사람의 해골이 있다. 각 수련자 앞에는 그 가운데 모양이 정확하게 무엇인지 잘 알 수 없는, 깎아서 만든 작은 물체가 있는 말뚝 네 개가 있는데, 그가 거기 다가가면 다가오지 말라는 큰 소리가 들려온다. 그 의례에서 가장 거룩한 것은 그 물체이다. 그것을 보면 그것이 더렵혀지기 때문에 어느 누구도 그것을 볼 수 없다.

그 다음 날들에 이루어지는 중요한 활동은 들소들의 교미를 흉내내면서 추는 "버팔로의 춤"인데, 그것은 모방주술에 의해서 그 부족에게 있는 모든 동물들이 새끼를 많이 낳게 하려는 것이다. 춤을 추는 동안 늙은이들은 노래를 부르고, 기도하면서 위대한 영에게 기원을 하며 작은 북을 두드린다. 그와 동시에 사람들은 오두막에 모여 있는 수련자들에게 위대한 영이 그들의 기도를 들어주셨고, 여성들과 어린아이들이 회색 곰을 억누르고 있으며, 악한 영도 아직 감히 그 모습을 드러내지 못했다고 하면서 안심시킨다.

그러다가 넷째 날 악한 영이 모습을 드러낸다. 그는 초원의 안쪽으로부터 지그재그 모양으로 말을 타고 달려와서, 여성들과 어린아이들은 겁에 질리게 된다. 그때 위대한 치료자가 달려와서 그를 만나고 그 둘 사이에는 서로의 이익을 위한 전투가 벌어진다. 악한 영은 위대한 영의 담뱃대에서 나오는 연기에 매혹되어 있었다. 그때 한 무리의 원주민들이 열광적인 고함을 내지르고, 악한 영에게 욕을 퍼부으며, 무장해제 시킨다. 그의 창을 부수고, 그를 무찌르면서 결국 그를 광대한 초원의 끝도 모르는 곳으로 쫓아내어, 그는 사라지고 만다.

그 후 거기에 모여 있던 사람들은 치료자의 오두막으로 가서 이제 본격적으로 입문 예식을 치르게 된다. 전투복 정장을 한 마을의 지도자들과 원로들은 오두막의 한 쪽 구석에 모여서 앞으로 있을 고난을

견딜 수 있는 신참자들의 타고난 재능을 칭찬하면서 격려한다.

그 예식을 집전할 나이든 마술사는 오두막 가운데 있는 불 가까이에 자리 잡는다.

밤을 새우고, 금식을 해서 쇠약해진 신참자들이 신성력을 지닌 물체를 가진 말뚝 아래 있을 때 두 사람이 손에 칼을 들고, 그들에게 다가가서 그들의 몸을 칼로 저민다. 그들은 가슴과 등 부위의 근육에 칼날을 깊숙이 집어넣고, 살을 자르고, 베는 것이다. 그 다음에 그들은 그 상처들에 손가락을 넣고, 나무로 만든 쐐기를 갈가리 찢어진 근육의 힘줄 밑으로 통과시키고, 끈을 그 쐐기에 묶어서 고정시키고, 환자를 들어 올려서 네 개의 말뚝으로 만들어진 건물 위에 놓으며, 벌어진 근육들을 이용하여 공중에 매단다. 그리고 다른 쐐기들을 네 개의 사지 속으로 밀어 넣고, 네 개의 사지에는 버팔로의 머리 모양을 한 물체와 무거운 돌들을 달아매어서 그 늘어난 것들이 더 늘어나서 고통을 극대화시키려고 한다. 케틀린은 그 젊은이들이 감내해야 하는 그 무시무시한 고통은 믿기 어려울 정도인데, 그 가운데 어떤 젊은이들은 그에게 미소를 지을 정도로 용감하였다고 기술하였다. 그들이 그렇게 매달려 있을 때, 어떤 사람이 그들에게 다가가는데, 그의 임무는 그 젊은이들을 빙빙 돌게 하는 것이다. 처음에는 천천히 돌리지만 점점 더 빠르게 돌린다. 그때 그 젊은이들은 아무 저항도 하지 못하고, 그 극심한 고통은 그들에게 비명을 지르게 하는데, 그 비명은 여태까지 들어본 적이 없는 단말마적인 비명이다. 그러면서 그의 입에서는 위대한 영에게 올리는 기도가 나온다. 도는 속도가 빨라지면서, 입문자들은 정신을 잃고 만다.

위대한 치료자는 그들이 정신을 잃었음을 확인하고—죽음의 상징이다—그 불행한 신참자들의 결박을 풀어준다. 그런 다음에 사람들은 그들에게 정신이 돌아오기를 기다린 다음, 그들을 그들의 소지품들과 함께 맨 처음에 출발했던 곳으로 데려간다. 거기에서 다른 원주민이 기다리고 있다가 그들을 맞이하는데, 그의 앞에는 버팔로의 해골이 있고, 손에는 도끼를 들고 있다. 기도를 계속하고 있던 입문자는 그의 왼손 새끼손가락을 그에게 세우면서, 그 자신을 위대한 영에게 바칠 준비가 되어있다고 외친다. 그리고 그의 손을 버팔로의 해골 위에 올려놓고, 도끼로 손가락 마디 하나를 쳐서 잘라낸다. 어떤 이들은 거기에 덧붙여서 그 다음 손가락 하나를 더 희생시키면서 활을 쏘는데 필요한 손가락 세 개만 남겨놓는 경우도 있다.

그들에게는 전체적인 희생 이상이나 죽음 이상의 부분적인 희생—거세의 상징—이 똑같이 요구되는 것이다. 그렇게 하면서 그들의 몸에는 상징화가 새겨진다.

그들에게는 그 어떤 치료도, 붕대 같은 것을 감는 것도 이루어지지 않는다. "위대한 영이 그들을 치료하고, 치유시킬 것이다." 그런데 케틀린은 그들에게서 피는 그렇게 많이 나오지 않는다고 주장하였다. 그 수련자들 가운데서 잘 참고, 용감하게 견딘 사람은 그 다음에 그 부족에서 더 책임 있는 자리를 차지하게 된다.

그들 가운데 열 명 정도가 그 시련을 성공적으로 마치면, 그들은 나무로 된 쐐기를 살에 박아둔 채 가운데 있는 우물곁에 좌정하고, 손에 담뱃대를 든 위대한 치료자에게 안내된다. 그러면 그 전 해 입문의례을 치른 스무 명 정도의 젊은이들이 그들의 몸에 있는 쐐기에 달린 끈을 잡고 전속력으로 우물 주위를 돌면서 끌고 간다. 그들의 맴돌이는 그들의 몸에 박힌 쐐기들이 마찰에 의해서 모두 땅에 떨어질 때까지 그치지 않는다. 물론 그 입문자들은 그 마지막 시련 기간 동안 다시 한 번 정신을 잃는다. 위대한 치료자는 그들에게 정신이 다시 돌아올 때까지 기다렸다가 정신이 돌아오면, 그들을 부모에게 맡기면서, 그들을 돌보고 치료하도록 한다.

그 입문의례에서 행해진 시련 가운데서 그 어떤 것도 잔인하지 않는 것은 없는 듯하다. 그러나 케틀린은 그 어떤 젊은이도 그 가운데 어느 한 가지를 면제시켜준다고 할지라도 받아들이지 않는다고 주장한다. 모든 종교에서는 순교자를 존경하기 때문이다. 고대 세계의 모든 종교들은 그 신도들에게 어느 하나도 예외 없이 입문의례를 부과했던 것이다. 우리가 앞에서도 강조한 것처럼, 그 시기(이 이야기가 비록 1930년의 것밖에 되지는 않지만, 그래도 인간의 어두운 밤의 시기에서 나온 것이다)에 인간의 집단적 정신구조는 인간의 "몸을 편지로" 삼았고, 그때 중요한 것은 "절대-타자로서의-악마"를 대적하기 위해서 "절대-타자로서의-신"과의 재연합에 관한 "편지"—를—쓰는 것이고, 식인(食人)을 위한 살육의 충동과 생식을 위한 성욕을 식이의 근친상간과 생식의 근친상간을 뛰어넘으면서 승화시키는 것이라면, 그 충동들을 나타낼 수 있는 오직 한 가지 표상은 하늘의 유익한 힘들은 물론 미개간지의 사악한 힘들이 지나가는 장소인 몸밖에 없을 것이다—우리는 그것을 뷔리단의 사례에서 잘 살펴볼 수 있었다. 당신은 초원-미개간지의 가학적인 세력을 접하면서 부정하게 되고, 세속적 실체로 변하는 몸에서 죽어야 한다. 우리의 가학적인 상상계는 우리 몸이 그렇게 고통당하는 모습을 많이 그려내고 있다. 그렇게 고통을 받은 다음—그 위대한 마술사가 죽음을 확인한 다음—그는 당신을 당신의 보호자인 위대한 영의 오른편에 부활하게 한다. 그러나 오직 그 때에만, 즉 당신이 당신의 손가락을 그에게 희생시켜서 그 영원한 희생이 당신의 몸에 쓰인 다음에만 당신의 몸은 행복하게 될 것이다.[60]

우리는 여태까지 부족의 모든 사람들에게 시행되는 입문의례에 대해서 살펴보았다. 이제 그 부족의 미래의 위대한 치료자인 샤만에게 만 행해지는 입문의례에 대해서 살펴보도록 하자.

## 2. 샤마니즘에서의 입문의례[61]

### 1) 부름

샤만의 능력은 물려받는 것이 아니고, 돈으로 사는 것도 아니라 홀로 떨어져서 밤을 새우며 수련하고, 금욕하며, 때때로 환각 효과가 있는 버섯을 달여 먹으며 수련의 효과를 배증시키면서 찾아야 하는 것이다. 그렇지 않으면 샤만의 능력은 우리가 방금 전에 "입문의례적 질병"(우리나라에서는 무병이라고 부른다—역자 주)이라고 부른 병이 난 개인에게 그의 "보호령"(保護靈)이 갑자기 내리면서 얻어지는 경우도 있다. 그 병은 히스테리나 간질과 아주 비슷해서 그 병이 난 사람은 정신 나간 것 같고, 기억을 잘하지 못하며, 행동거지에 연극적인 것이 있고, 환시와 환청을 잘 보는 등 환각적 경향이 있다. 또한 엑스터시 상태에 빠지고, 깜빡깜빡 기절을 잘하며, 갑자기 사라지기를 잘하고, 도벽(盜癖)을 가진 경우가 있으며, 몸이 마비가 되거나 경련을 일으키기를 잘한다.

미래의 샤만에게 정신의 질병이 있다는 사실에는 의심의 여지가 없다. 그러나 우리가 앞으로 살펴보겠지만, 그는 그에게 들어있던 악한 영을 그를 보호하고 도와주는 영으로 변환시키면서 스스로를 치료한 환자라는 사실을 잊지 말아야 한다.

샤만 후보자에게 그런 부름이 있다는 것이 인정되었을 때, 그는 나이 먹은 스승에게 맡겨지고, 그 스승은 그가 그 증상들을 다스려서 그것들이 엑스터시적이고 신비한 기술로 변환되게 하는 방법을 가르쳐 준다. 또한 스승은 그에게 그 부족의 신화적이고 종교적인 전통들도 가르쳐준다. 그런 교육은 2년에서 5년 정도 걸리는데, 어떤 스승들은 수련자에게 사례를 요구해서 수련자가 곤궁에 빠지기도 한다.

**2) 입문의례**

a. **장소:** 입문의례가 이루어지는 장소는 오두막집, 천막, 동굴 또는 숲속인데, 거기에서 입문자는 꿈을 꾸거나 엑스터시에 빠지거나 비선을 보고, 그들의 보호령이나 그들을 돕는 영을 만난다.

그 장소들은 괴물의 아주 컴컴한 배를 상징적으로 나타내는데, 그것은 또한 입문자를 삼켰다가 그에게 새로운 생명을 다시 불어넣는 태모의 배이기도 하다.

그곳은 입문자들이 그들의 꿈과 환상을 해석하는 방법을 배우고, 점을 치는 능력을 보여주는 장소이기도 하다.

b. **준비:** 입문자들이 금식하고 오랫동안 잠을 자지 않는 것은 그들로 하여금 비전을 보고, 엑스터시에 빠지며, 꿈을 꾸거나 트랜스 상태에 들어가고, 시험을 통과할 준비를 시키는 셈이 된다. 더구나 입문자들은 종종 환각 약물을 복용하기도 한다.

그들은 그들이 입문 기간 동안 알게 된 비밀을 다른 사람들에게 누설하지 않겠다는 맹세를 해야 한다.

c. **정화:** 정화는 소리, 노래, 춤, 금식 등을 통해서 이루어진다.

d. **교육:** 보조령(輔助靈)의 출현은 시각적 환각보다 더 요란한 청각

적 환각으로 알려진다. 그 영은 눈으로 보이기 전에 작은 휘파람 소리 같은 것이나 (그 영이 천둥에 속한 것일 경우) 아주 요란한 소리와 함께 나타나는데, 그 모습은 신인동성동형론적으로 보이지만 자세하게 보면 초자연적인 기원이 드러난다. 키가 아주 크고, 혀가 어마어마하게 길며, 무엇보다도 털이 아주 많다. ... 그런 다음에 그는 신비한 말들을 쏟아내는데, 그것들은 병의 치료에 관한 것들과 그렇게 하기 위해서 어떻게 해야 하는가 하는 방법에 관한 것들이다. 그 영은 특히 수련자에게 병을 고치는 것과 관계되는 마술적인 노래를 가르쳐준다. 그 노래는 딸랑이, 휘파람, 북 등으로 리듬을 맞춰서 부르는 노래이다. 그 다음에 그는 그 영으로부터 또 다른 치료의 도구들을 받는다: 점치는 데 사용되는 곡물들과 그 영이 산악신인 경우 돌이나 바위로 된 수정, 그 영이 동물인 경우 깃털이나 가죽, 얼굴을 그리기 위한 물감들과 마지막으로 옷, 모자, 외투, 각반, 허리띠 등을 받는다. "수정"은 샤만의 몸에 즉시 착용되는데, 그렇지 않으며 그는 영이 처음 나타나자마자 산에 가서 그것을 찾아야 한다(그 돌은 천상의 돌인 것이다).

보호령으로부터 온 도구들은 모두 거룩한 것들이다. 그래서 그것들을 잃어버리면 재난이 오고, 샤만은 때때로 목숨을 잃을 수도 있다.

그의 거처는 그 부족의 다른 사람들이 사는 곳과 달라야 한다: 그의 집에는 붉은색과 흰색을 칠한 기둥이 서있고, 지붕은 수호동물의 가죽을 덮으며, 가장 강력한 수호령을 나타내는 목상(木像)을 놓는다.

그런 다음에 영은 수련자에게 약초들에 대해서 가르친다. 그것들을 어떻게 채취하고, 어떻게 사용하는지를 가르쳐주는 것이다.

수호령이 동물의 모양으로 나타나면, 그 동물을 사냥해서는 안 된다. "꿈에 나타난 동물을 죽이면, 스스로 목숨을 끊게 되는 일이 생긴다."

그 영은 그의 제자 앞에서 병을 치료하는 여러 가지 방법들을 실제적인 동작들을 통하여 시범적으로 보여주면서 가르치고, 그것들을 다시 그 영 앞에서 재연(再演)하게 한다. "그 영들은 나에게 어떤 환자를 검사하게 하였고, 나에게 물어보았다: 그의 병이 무엇이었느냐? 어떤 때, 그들은 나에게 죽은 사람을 보여주었고, 나는 그를 다시 살려내는 꿈을 꾸었다. 또 나는 어떤 노래들에 대한 꿈을 꾸었고, 그 노래들은 나를 일으켜 세웠고, 그 노래들을 부를 수 있었다."[62]

마지막으로 그는 "새들과 다른 동물들의 언어"를 배운다.

수호령들의 본성은 매우 다양하다. 아주 멀리 있는 별들로부터 시작하여 그 뒤에 있는 새, 남성이나 여성의 생식기관, 무덤에 쌓아놓은 돌무더기 등을 비롯하여 머리가 없는 괴물에 이르기까지 매우 다양한 것이다. 물론 모든 동물들도 수호령이 될 수 있다. 그 영들이 병을 고치는 샤만과 관계를 맺느냐 아니면 병을 가져오는 샤만과 관계를 맺느냐 하는 것에 따라서 유익한 영인지, 사악한 영인지 나누어지는데, 대부분의 영들은 양가적이다. 결국 수호령은 우리가 이 책의 제1부에서 본 성현(hiérophanie)을 잠시 육화하고, 그 능력을 시행하는 존재인데, 그 능력은 그 어떤 물체나 존재 안에서도 드러날 수 있는 것이다. (레비-브륄이 말한 의미에서의) "신비적 융합"의 망(網)은 그 보호령들에게 영향을 미치고, 상상계 전체는 물론 그 어느 부분에 영향을 줄 수 있는 것이다. 그러므로 보호령은 병의 원인이며 동시에 치료책이 되는 양가적 능력을 육화하고 있다. 사람들은 그들의 상상계 영역에 그것을 투사시킨다고 말할 수 있다. 그에 따라서 샤만은 그가 시련당할 때 만났고, 그와의 대화를 통해서 그 힘을 통제할 수 있게 된 존재로서 그의 상상계를 "또 다른 상징계"로 되게 한 존재이다.

e. **시련들:** 영들은 가르치지만은 않는다. 그들은 수련자들을 두려움, 고통, 고난을 통해서 단련시키려고 한다. 그 고난 가운데서 가장 중요한 고난은 그들을 해체시키고, 살을 저미며, 배를 가르거나, 내장을 주무름으로써 죽음 가까이 이르게 하는 것이다.

고대 사회의 신비의례 가운데서 행해지고, 우리가 이집트의 (오시리스) 신비의례에서 다시 찾아볼 수 있는 신체의 절단과 살을 저미는 의식은 인간의 상상계에서 기본적으로 주어지는 것으로, 제롬 보쉬(Jérome Bosch)는 그것들을 아주 놀랄 만한 이미지들로 보여주었는데, 그것들은 꿈이나 (조현병의) 망상 등 모든 종류의 퇴행에서도 찾아볼 수 있다. 그것은 소위 "조각난 몸의 환상"이라고 부르는 것이다. 우리는 젖먹이의 몸—또는 본래적인 인간의 몸—이 신체적으로는 하나의 통합체로 되어있지만, 그에게 있어서 "몸의 이미지"는 조금씩밖에 통합되지 않는다는 사실을 알아야 한다. 여기에서 우리가 몸의 이미지라고 부르는 것은 우리가 여태까지 길게 말했던 충동의 상상계적 표상들(représentants)인데, 그 표상들은 상징을 만들기 위해서 그 충동들의 외부적 대상과 재통합되거나 그 대상들의 표현물들과 재통합되어야 한다.

충동의 상상계적 표상들은 우리가 방금 말했던 것 같이 신체적 통합체를 이루고 있기는커녕 전혀 단일한 것으로 주어지지 않는다. 젖먹이들은 우선 충동을 타고나는데, 제일 먼저 구강기적 충동에는 "삼키려는 충동-삼킴을 당하려는 충동" 같은 양극적 역동이 있고, 항문기적 충동에는 "배제-보유", "더러움-청결", "오염-정결" 등 양극적 역동이 있다. 그 다음에 이어지는 것은 유아기의 남근기적 충동인데, 거기에서 우리는 그 전 단계의 역동이 변환된 모습으로 남아있는 것은 물론 승화된 모습도 다시 발견할 수 있다. 소위 "삼켜버리는 사랑""이나 "정복당한 사랑"이라고 부를 수 있는 사랑의 적극적이거나 수동적인 형태 또는 가학적이거나 피학적인 형태 등을 볼 수 있는 것이다. 그러나 남근기에서 우리는 딸이 어머니와 동일시하기 위하여 아버지를 "희생시키거나" 아들이 아버지와 동일시하기 위하여 어머니를 "희생시켜야 하는" 저 유명한 오이디푸스적 드라마가 연출되는 것을 볼 수 있다. 우리는 여기에서 "식이적 희생"(식인적 습관)과 "성적이고-남근적 희생"(근친상간)[63]이 동시에 일어나는 역동을 더 자세하게 고찰할 수는 없다.

우리는 이 세 가지 충동들, 즉 구강기적, 항문기적, 남근적 충동들의 한 가운데서 그 밑바닥에는 가학적-피학적 충동들이 뚜렷하게 자리 잡고 있는 것을 볼 수 있다. 또한 우리는 그것과 더불어서 인간이 타고난 모든 감각기관이나 감각 일반에도 어떤 충동들이 있음을 보게 된다. 그것들은 특히 사람들이 정신적 공간을 구성하는데 절대적으로 필요한 노출증-관음증의 편린과 "중간 대상"[64]으로서의 상징들을 만드는데 필요한 (예를 들어서 말하자면, 손가락이나 "곰 인형" 등에 대한) "페티쉬즘", 동성의 부모와의 동일시 속에서 일어나는 상징화에 필요한 동성애 등을 볼 수 있는 것이다.

이 밑에 동시적으로 존재하는 충동들을 프로이드는 '부분 성욕'이라고 불렀는데, 그것들이 발달의 초기 단계에 고착되면 성인에게 '변태'나 신경증 또는 정신증을 일으키게 된다. 그것들은 결코 선험적으로 통합되어 있지 않은 것이다. 어린아이나 본래적 인간의 정신영역의 시초에서 각각의 충동들과 그 아래 있는 충동들은 서로 어울리면서 어느 정도 나라 속에 있는 나라, 콤플렉스, "부분적 영혼", 영, 악마나 신, 수호신처럼 자신의 고유한 기능을 수행한다. 우리가 앞에서 살펴보았고, '종교적 인간'의 상상의 장(場)을 만드는 그 유명한 환각 지각(정령숭배, 투사, 해석)의 핵(核)을 구성하는 것은 그것들이다. 사람들은 실재계에 대한 체험을 통해서 그 당시에 통용되는 문화적 형식에서 나온 상징적 "테마"들을 만드는데, 그때 토대가 되는 것은 바로 그 상상의 장이다. 따라서 그 테마들은 그 당시 주어진 문화들에 따라서 달라진다.

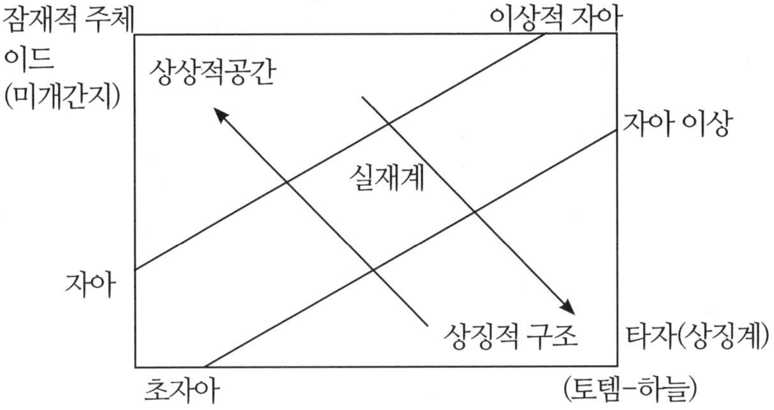


따라서 '몸에 대한 이미지'는 본래 하나의 퍼즐, 즉 작은 조각들을 모아 놓은 것(미개간지와 하늘에 있는 영들로 구성되어 있는 것)처럼 지각된다. 사람들은 정신적으로 발달하면서 주어진 순간의 현실에 전체적으로 일관되고, 제대로 적응하는 것을 주요한 과제로 삼는다. 그때 그 현실은 상징적 질서—집단적이거나 개인적인 역사적 순간과 다른 상대적인 그 현실의 "법칙"을 가지고 있는—로 구성되어 있다. 사람들이 프로이드를 따라서 초기의 자기애라고 부른 시기를 주관하는 것은 이 퍼즐을 잘 맞추는 것이다. 그런데 그것은 실재계를 거치면서 잠재적 주체(미개간지, 프로이드의 이드, 자아와 자아-이상)와 상징적 "대 타자"(토템, 이상적 자아와 프로이드의 초자아; 라캉의 도식을 참고하시오) 사이에서 위 도식에 있는 자아-자아 이상의 선 위에 있는 자아의 초기의 희미한 윤곽을 만든다. 상상적인 장(場)과 실재계(그것은 상상계와 상징계를 잇는 "화살표"를 통해서만 건너갈 수 있다. 다시 말해서 실재계는 주어진 문화에 비해서 언제나 상대적이라는 말이다)를 한정 짓는 그 선은 특히 거울의 축(軸)을 나타낸다. 다시 말해서 라캉이 거울 단계라고 정의하였고, 모든 사람들에게 있는 초기의 자기애에 해당하는데, 그것은 모든 사람들에게 태어나면서부터—어쩌면 그 이전부터—죽을 때까지 활성화되어 있다.

사람들로 하여금 성(聖)의 분출(원형적 성현)을 받아들이게 하고, 거기로 이끌어가는 것은 이 거울의 축이다. 상징의 축(초자아와 이상적 자아)은 그것들을 막고, 주제화하는 임무를 지니고 있다: 신화, 종교, 사회, 법률, 미학, 이데올로기, 과학과 기술 등을 만드는데, 그것들은 언제나 주어진 문화에 상대적이다.[65] 거울의 축은 우리가 자아라고 부르는 "통합자-통합되는 것"(라가쉬)의 초-콤플렉스의 토대를 마련해준다. 우리는 분할, 해체, 내장 적출, 한 마디로 해서 조각내기 속에서 사람들이 태어날 때의 수준에서 정신적으로 조각 난 단계로 돌아간다: 그의 몸과 충동들이 그렇게 되는 것이다. 그래서 고대 시대의 모든 입문의례들은 "토템적이고 천상적인" 상징계 옆에 있는 미개간지의 상상계를 뒤흔들기 위해서 현실의 상징적 질서에 있는 문자와 법률을 신경 섬유에 새겨 넣으면서 몸이 조각나는 상상계를 상징화하지 않을 수 없다.

샤만의 입문의례 기간 동안 조각을 내는 그 의식은 세 차례 반복된다. 아주 흔하게 사람들은 입문자에게 먹을 것이나 마실 것을 하나도 주지 않으면서 사흘 동안 입문의례의 동굴에서 옷을 다 벗고, 누워있게 하는데, 그것은 심리학적으로 그를 죽은 사람처럼 되게 하는 것이다. 더구나 가장 잔인한 방식으로 조각내기가 이루어지는 것은 그 삼일 동안이다. 입문의례의 영은 혀, 귀, 눈, 가슴, 다리를 잡아 빼는 것이다. 그리고 그는 입문자의 배를 뾰족하고, 날카로운 막대기를 가지고 찌르고, 그의 모든 내장들을 씻는다. 정화시키는 것이다. 그는 후보자의 머리를 자르고, 그의 뇌를 씻기 위하여 떼어낸다. 그것을 정화시키는 것이다. 또한 그는 그의 눈에 금을 박고, 손가락 끝에 갈고리를 심는다(나중에 "병든 것"으로 빼내기 위한 것이다). 마지막으로 그는 후보자의 가슴에 화살을 관통시킨다. 이 모든 것을 하는 동안 후보자들의 어머니와 친척들은 통곡을 하고, 영을 나타내는 주무(主巫)는 큰 소리로 웃는다.[66]

그 다음에는 똑같이 3일에서부터 7일 동안의 퍼즐의 재건이 시작된다. 그때 후보자는 입문의례를 먼저 마친 사람들에 의해서 "부활의 마당"이라고 부르는 울타리의 내부로 옮겨져 온다. 그는 거기에서 옷을 다 벗은 채 십자가 모양을 하고 부활할 새벽까지 구덩이 속에 놓여진다. 또 다른 경우, 후보자는 방금 팠고, 나뭇가지들로 덮인 무덤 속에 파묻히기도 한다.

입문의례의 죽음 동안 미래의 샤만은 하늘과 땅 사이에 "다리"를 만든 햇빛이나 무지개 위에 올라타서 하늘로 올라가거나 지하세계로 내려간다. 그 다리는 옛날에는—황금기—모든 사람들이 이용할 수 있었는데, 사람들은 그들의 환자들을 위해서 그것을 다시 만들어야 하는 책무를 지게 되었다. 그 후보자가 신에 대한—또한 악마에 대한—지식을 배우고, 그의 교육의 거대한 부분이 전수되는 것은 때때로 24일이 걸리기도 하는 이 여행 기간 동안이다. 북소리와 춤은 상승이나 하강에 리듬을 맞춰서 행해진다. 그래서 샤만이 쓰는 북에는 무지개의 그림이 그려져 있다.

### 3) 도유와 성찬식

입무 후보자는 그가 꿈이나 비전에서 보았던 동물의 피와 할례를 위해서 희생된 피로 도유(塗油)된다. 우리가 이 책의 제1장에서 보았듯이, 여기에서도 흔히 신성모독적이고 더러운 피는 그 본래적 의미와 정반대로 정화의 가치를 지니고 있다.

그 다음에 공동의 식사에서 동물의 고기가 나누어지는데, 그 식사는 토템 식사(성찬식)와 같은 가치를 가지고 있다.

그때 입문자에게 불을 일으키는 지팡이, 사람의 머리털로 땋은 허리 띠, 부싯돌로 만든 칼 등 범상치 않은 것들이 주어진다.

마지막으로 그에게는 새로운 이름이 주어지는데, 옛날 이름은 그를 정화시킨 이에 의해서 정화되어 없어졌고, 죽음 속으로 들어갔다.

### 4) 샤만의 사랑

입무 후보자는 하늘로 가는 길에서 종종 여성-영(그 후보자가 여성인 경우 남성-영)을 만난다. 그 영은 그와의 신성혼(거룩한 성적 합일)을 통해서 그에게 저-세상[67]과의 영원하고, 하나가 되는 의사소통을 보장해준다. 말하자면, 어떤 입문의례에서 의사소통은 사키니(Sakini, 여성적 영)와의 신성혼을 통해서 밖에는 이루어질 수 없는 것이다. 신성한 천상의 (또는 명계의) 배우자는 그의 연인에게 초자연적인 능력을 주고, 그는 그것을 통하여 그가 받은 힘을 사용할 수 있게 된다. 그러므로 샤만을 축성하는 것은 그 거룩한 혼인이다. 더구나 시베리아의 부리야트 족에게서 입문의례는 정말 혼인예식처럼 치러진다. "사람들은 샤만에게 결혼 선물을 준다. 그때 샤만은 부리야트 족의 남녀 약혼자들이 혼인 예식이 치러지는 동안 하는 것처럼 나무 위로 올라간다. 여기에서 약혼녀는 죽은 자들에게는 보이지 않는 영이 된다."[68]

그때부터 샤만은 마술사와 사제로 축성된다. 예를 들어서 말하자면, 이글루릭 에스키모에게서 마술사는 자신의 모든 죄를 공개적으로 고백한 다음 그 부족의 지도령에게 드리는 예배의 사제가 되는 것이다. 마찬가지로 사제로 변환된 통키의 샤만은 옷을 벗은 채 은혜를 베푸는 의식을 집전한다. 그렇게 될 때, 그는 부족장과 크게 다를 바 없게 된다.[69]

### 5) 진단

샤만적 치료에서 제일 처음 하는 것은 치유의례를 적용하는데 절대적으로 필수불가결한 일련의 예비적 의례들을 행하는 것이다.

샤만은 그가 어떤 환자의 병을 고치도록 불려왔을 때, 그 환자를 위해서 영들에게 기도하려고 마음 먹을 때, 그가 입문의례를 했을 때 지배적이었던 금기들을 지킨다: 금욕, 금식, 철야 및 음식물 먹었던 것을 토해냄으로써 자신의 몸을 정화시키고, 모든 부정한 것을 멀리하는 것이다.

그것은 환자와 환자의 가족에게도 마찬가지다. 그들 역시 샤만과 같이 그 금기들을 지킨다. 샤만이 여성일 경우, 그녀가 생리 중이면, 그녀는 환자를 돌볼 수 없다.

거기에 덧붙여서, 그 병의 성질에 따라서 거기에 해당하는 금지들이 덧붙여진다.

마지막으로 샤만은 새벽과 미명(微明)에 목욕재계를 하고, 그의 보호령이 처방한 식물(植物)들을 먹고, 몸에 색을 칠하고, 깃털들을 다듬는다.

진단해야 할 시간이 되면, 샤만은 일반적으로 맨발을 했지만, 상의는 걸치고 환자에 대해서 살펴보기 시작한다. 그것은 우리들이 그렇게 하는 것처럼 전통적인 방식으로 환자와 그 주위 사람들에게 질문하거나, 더 흔하게는 그의 보호령과 직접 의사소통을 하면서 그에게 꿈이나 비전이나 엑스터시를 내려달라고 한다.

그리고 샤만은 환자의 곁이나 주위에 앉거나, 서성거리면서 담배를 피우기 시작한다. 그것은 초자연적인 존재들을 불러 모으려는 의도에서다.

그 다음에 그는 환자의 상처에서 나는 냄새를 맡으려고 환자의 몸에 코를 가져다 댄다. 그리고 그는 궁극적으로 그가 추출해내야 하는 "병-물질"을 알아내려고 노래를 하고 딸랑이를 흔들면서 환자의 몸을 만진다. 그러면서 그는 트랜스 상태에 들어가서, 그의 보호령들과 대화를 나누기 시작한다. "그는 이제 그의 주위에 있는 사람들이 하는 소리는 아무것도 듣지 못하고, 그가 실제로 함께 하고 있으며, 그에게 환자의 어디가, 어떻게 해서 병이 났는지 설명해주는 영들의 소리밖에 듣지 못한다. 샤만은 그 영들을 데리고 와서 그가 알고자 하는 것을 그에게 말하도록 하기 전에 그 영들에게 '거칠게' 말을 할 수 있다."[70] 그리고 샤만은 종종 그의 몸을 리듬에 맞춰서 앞뒤로 흔들고, 그가 들고 있는 파이프를 거기에 있는 사람들 속에서 빙빙 돌린다. 마지막에는 그의 보호령이 샤만의 입을 통해서 그보다 더 강한 영들의 도움을 청하기도 한다.

또 다른 경우, 호피 족의 샤만처럼, 샤만은 환자의 발치에서 네 시간 동안 다투라[71]를 씹으면서 누워있고, 거기에서 트랜스 상태에서 비전을 보기도 한다.

간단하게 말해서, 샤만들의 기술은 아주 다양한데, 그 모든 것들은 그들을 근본적으로 몽환적인 상태로 이끌어간다는 점에서는 똑같다.

## 6) 치유

대부분의 경우에 그렇게 트랜스 상태에서 진단하는 것은 그것들이 결국 치유를 가져온다는 점에 있어서는 마찬가지다.

샤마니즘에서는 병이 나는 중요한 이유를 두 가지로 생각한다. 하나는 영혼의 비행(飛行)이고, 다른 하나는 병-물질이 침입해서 영혼의 상실이 일어나는 것이다. 두 번째의 경우는 사실 영이 침입하여, 종종 그 사람을 사로잡는 데까지 나아간다. 그러나 샤마니즘에서는 특히 첫 번째 원인론에 관심을 기울이고 있다.[72] 영혼이 허공을 떠돌아다니는 이유는 여러 가지이지만, 매우 자주 "의식 상태로 다시 돌아오지 않는"[73] 꿈 때문이거나 산 사람의 영혼을 자기와 같이 데려가지 않고서는 그 마을을 떠나지 않으려고 하는 망자(亡者) 때문이다. 그렇지 않으면 영혼이 자신의 몸을 떠나서 헤매거나, 영이나 귀신이 사로잡았기 때문이다.

### a. 영혼을 부르기

이 방법은 초자연적인 세계로의 여행에 의해서 이루어지는데, 그것은 대부분의 경우 죽은 자들이 사는—명계(冥界)—어둠의 세계로 가는 것이다. 그래서 그 정신과적 진단으로 트랜스 상태는 노래, 딸랑이 소리, 담배, 새의 깃털 등과 함께 지속된다. 그 여행은 죽은 이의 지하계의 여정을 빌려서 이루어지고, 해당되는 부족 나름의 장례 신화와 합쳐진다. 샤만은 일반적으로 그 침입자와의 격렬한 투쟁을 도와주기 때문에 그에게는 여러 가지 흔적(흔히 손이 피범벅이 되어 있다)이 남게 된다.

영혼이 신체에 통합될 때, 그 환자—그도 역시 트랜스 상태에 있는데—는 의식을 되찾고, 여행자-샤만의 트랜스도 끝이 난다. 그 여행은 보통 수 시간이 걸리지만, 때때로 몇 일이 걸리는 경우도 있다.

b. 병의 추방

여기에서 망아 상태는 보호령들의 도래를 자극하려는 것인데, 그들은 간구와 주술 또는 그때 활동하고 있는 고약한 빙의 영에 대한 욕설 등 때문에 온다고 생각된다. "나는 너에게서 병을 쫓아낼 것이다(사람들은 환자에게 새로운 힘을 주는 북쪽 하늘에게 호소한다). 나는 치료시킬 수 있는 능력을 가지고 있고, 그것을 하려고 왔다. 나는 너의 몸을 붙잡고, 앞으로, 뒤로 굽히고, 너에게 새로운 생명을 줄 것이다. 모든 병은 너로부터 떠날 것이고, 너는 괜찮아 질 것이다. 너(빙의한 영)는 약하고, 힘이 하나도 없으며, 네 능력도 모르고 너무 서둘렀다. 너는 나쁘다. 네가 있던 서쪽 하늘로 돌아가라. 그에게서 떠나고, 다시는 돌아오지 말라."[74]

그 다음에 샤만은 흡입을 통하여 병의 원인을 빨아들이는데, 그것은 보통 나뭇가지 옆에서 한다. 그때 그는 망아경에 드는 듯한 격렬한 불편을 느끼고, 곧 그 빙의한 영에게서 온 물질(조약돌, 머리털, 곤충 ... 등)을 입에서 빼낸다. 그것은 태워지든지, 땅에 묻든지, 아니면 이로 으깨지고, 샤만이 그 위에 침을 뱉은 다음, 환자에게도 침을 뱉는다.

이렇게 빨아들이기를 한 다음에는 마사지, 물 뿌리기, 증기욕, 탕약 마시기 등이 더해진다.

어떤 절차들은 그 악(惡)을 중간층에 옮겨 놓기도 한다.

마침내 부모와 친지들이 바친 헌물들과 제물들이 바쳐진다.

거기에 덧붙여서 치료자와 거기 참석한 사람들[75] 사이에서 오늘날 "집단적 역동"이라고 부르는 강력하고, 정감적인 친교가 나누어진다. 이제 참석자들은 다시 소리를 맞추어 노래들을 부르고, 박자에 맞춰서 소리 지르며, 북을 치고, 춤을 추며, 샤만의 담뱃대에서는 연기가 피어오른다.

전염병이 돌 때는 모든 마을 사람들이 샤만의 지시를 따라서 몸에 칠을 하고, 춤을 추며, 노래를 부른다.

우리는 여기에서 오늘날 그와 달리 어느 정도 미학적인 것을 취하고 있는 고대의 무언 악극(*mimodrame*)—표현과 음악과 그림의 치료적 효과가 담겨 있는—에 담긴 노래와 춤의 최초의 효과에 주목하게 된다.

부떼예(M. Bouteiller)는 심층 조사 끝에 샤만과 1950년대 프랑스의 "비술(祕術)로 치료하는 치료사 및 운명을 던지고, 뽑는 점쟁이"와 밀접하게 연계된다는 주장을 하였다. "비술로 치료하는 치료사와 샤만 사이에는 거리가 있지만, 한 가지 공통점은 그들의 유사성을 말해준다: 그들은 그들의 고객에게 절대적인 신뢰를 불어넣는다. 그러나 그렇게 신뢰하게 하는 조건은 정반대이다."

샤만은 사실 그 집단의 모든 복잡한 신화 체계를 육화하고 있기 때문에 모든 사람들이 동의한 바탕 위에서 여러 가지 행동들을 한다. 그는 상징계적 질서 위에 서있는 것이다.

그와 반면에 오늘날 치료사들은 제도적인 종교와 공식적 과학과 반대되는 소수의 사람들의 인정(認定) 위에서 한다. 치료사들의 "비술"은 이제는 풍화되고, 시효가 지난 마술적-종교적 교리의 잔재 위에 서 있을 뿐이다. 그러나 이제르(Igert) 박사는 "그 치료자를 공격하는 것은 집단적 정서에 상처를 내는 것이다"라고 하였다. 그렇다. 그것은 오늘도 살아있는 고대-정신(*paléo-psyché*)인 마술적-종교적 기반을 공격하는 것이다.

오늘날 샤만이나 비술 치료자의 도움을 청하는 사회나 사회적 분파는 모두 그들의 신비한 특전(特典)에 대한 신앙이 깊은 집단들이다.

치료자는 보호령을 어떤 특별히 거룩한 존재—동정녀나 귀령—로 대체시켰는데, 그는 샤만이 했던 것과 아주 비슷한 망아(忘我) 현상을 통하여 그 존재와 직접 소통하는 것이 분명하다. 많은 사제들은 동시에 치료자인 것이다. 그 두 범주에 속한 사람들에게는 태어나면서부터 죽을 때까지 기적 같은 징표들이 따른다: 그들은 불에 데어도 상처를 입지 않고, 배꼽이 없으며, 비를 내리게 하고, 천둥을 치게 하며, 그들도 모르게 운세를 던져 주는 것이다. 그들은 사회적인 측면에서 풍성한 수확을 보장하고, 사냥이나 농작물의 풍요를 보장해주거나, 그 반대를 말하기도 한다. 대부분의 치료자들에게는 병리적인 특성이 있는데, 그들이 치료의 면에서 특별한 능력을 얻는 것은 샤만들과 마찬가지로 치료의 형태를 띠고 있다. 그들의 신경증과 치유력 사이에는 보상의 관계가 있는 것이다. 치유의 은사는 종종 샤만의 무병(巫病)이나 치료자의 병을 통해서만 주어지는 듯하다. 예를 들어서 말하자면, 사시(斜視)인 사람은 "눈에 문제가 생긴 병"에 대해서 특별히 능력이 있거나 보는 것과 관계된 병의 치료로 이끌려간다. 동성애—또는 그 밖에 다른 도착증—는 가끔 샤만으로 "선택되는" 성흔(聖痕)이다. 어떤 치료자의 성인-보호령이 순교를 했다면, 그는 그에게 치명적이었던 해부학적 부위와 관계된 질병을 잘 고칠 것이다. 예를 들어서 말한다면, 그가 순교당할 때, 내장을 적출 당했다면, 그는 배와 관계된 질병을 잘 고칠 것이라는 말이다. 태워서 죽임을 당했다면, 화상과 관계될 것이다. 그러나 그 치료자들에게서 신경증은 필요조건이 될 수는 있지만, 충분조건은 되지 못한다.[76]

다른 한편, 샤만과 치료자의 원형적 이미지들은 지칠 줄 모르고 단조롭게 계속해서 찾아볼 수 있다. "샤만이 실제로 굿거리 등을 하는 모임에서 사람들은 샤만과 환자를 둘러싸고 둥글게 원을 그리고 있다."[77] 우리는 원의 상징에서 앞에서 살펴보았던 토테미즘적인 마을과 그 문제에 관해서 기록한 책들에 나온 질문들을 떠올리게 된다. 낮, 밤, 여명, 석양, 동굴, 숲, 산, 땅, 무덤 등을 떠올리게 되는 것이다. 우리는 샤마니즘에 관해서 아주 간단하게 기술하면서 이 원형적 이미지를 열거하였다. 이것들은 우리 꿈—깨어 있을 때나 밤중에 꾸는 꿈—에 자주 나오는 이미지들이다. 우리의 종교적이거나 예술적이거나 문학적 또는 철학적이고, 과학적 창조의 원천이 되는 것이다. 그것은 엘리아데의 다음과 같은 말과 관계 된다: "신비의 역사가 지속되는 것은 어쩔 수 없는 일이다." 우리는 샤만들의 엑스터시에서 모든 종교의 신비 체험을 볼 수 있다. 모든 신비가들에게서 발견되는 "내적인 빛"이 샤만들에게도 있는 것이다. 샤만들은 악마는 물론 흑마술(운명을 던지는 자), 병, 죽음과 싸운다. 샤만은 초자연적인 세계를 여행하는 능력을 통해서 우리에게 죽음에 관한 수많은 신화적 주제들을 가져다준다. 샤만들에 의해서 그 무시무시한 미지의 세계는 그의 상징계적 질서를 보여주고, 친숙하고, 받아들일 수 있는 세계로 되는 것이다. 그리하여 죽음은 좀 부드러워지고, 조금씩 조금씩 역동적인 영적 상태로 가는 "통과의례"로 된다.

샤만들은 망아경(忘我境)의 고양 속에서 노래하고, 북을 두드리며, 그들의 보호령과 대화를 나누고, "비밀스러운 말"을 하고, "새들의 말"을 하며, "동물들의 말"을 한다. 사람들은 거기에서 서정시와 서사시의 운율을 가진 진정한 언어적 창조를 본다.

우리는 샤만이 하는 일은 영웅이 하는 하나의 드라마라고 하였다. 거기에 등장하는 인물들은 샤만-환자의 쌍과 참석한 관객들, 그들의 합창, 해설, 춤, 보호령, 악마, 죽음, 모든 종류의 장식들이다. 그것은 고대 무언극과 고대 비극의 전신(前身)들이다. 그 세계는 모든 것이 가능한 신들과 마술사들의 우화적 세계이다. 거기에서는 과거, 현재, 미래, 죽음, 부활, 생명 ... 등이 모두 없어진다. 거기에서 신화적인 위대한 시간이 복구된다. 그것은 하나의 축제이다.

# 제2장
# 메소포타미아의 입문의례

### 1. 탐무즈와 마르둑의 비의

태초에 살던 사람들의 눈에는 수많은 생명체들과 수많은 광물들로 가득 한 우주의 규칙적이고, 거대한 박동이 우리가 떠올리지 않을 수 없는 신성력을 가진 힘의 변화무쌍한 표출로 보일 수밖에 없었을 것이다. 그래서 그들은 겨울과 함께 어둠, 추위, 자연의 삭막함이 긴 행렬을 지으면서 이어지면, 산천초목들이 모두 소멸되고, 그들의 생명도 위험에 처하지 않을까 하는 두려움을 느꼈을 것이다. 그때 그들은 짝짓기 하는 모습을 흉내 내었고, 세계 창조 행위를 흉내 내었으며, 스러져가는 태양에게 생명을 다시 부여하려고 거대한 불을 붙이려고 하였다. 그들은 우주의 힘들이 그 이미지들에 있다는 것을 감지하고, 그 힘들에 용해되면서 하나가 될 수 있다고 확신하였기 때문이다. 그리고 그것들처럼 생각하고, 행동하면, 자연 속에서 그것들과 똑같이 생각하고, 행동하게 될 것이라고 믿었다. 그것이 소위 모방주술 또는 공감주술인데, 말하자면 사고(思考)의 전능성에 대한 신앙이다.

우리는 아주 먼 옛날의 입문의례에서 청소년으로부터 성인으로 넘어가는 시련을 축성하거나, 샤만을 저승 세계로 넘어 들어가게 하는 시련을 축성하기 위해서 했던 죽음과 부활의 드라마를 살펴보았다.

이제 우리는 여기에서 영들과 악마들과 신들이 그들의 고유한 이름을 얻으면서 더 뚜렷하고, 더 통합된 인격을 얻는 것에 대해서 살펴보려고 한다. 티그리스 강과 유프라테스 강으로 둘러싸인 유역에서 탄생한 그 비교(祕敎)들의 토대는 아직도 풍요를 모방하는 마술로 새겨져 있는데, 우리는 거기에서 식물의 젊은 신이 다시 태어나기 위해서 죽는 것과 자연의 작업 속에서 그 신을 "도우려고" 자연이 반복적으로 소생(蘇生)하는 모방극을 보게 될 것이다. 그러나 우리는 조금씩, 조금씩 이 거룩한 연출의 초점이 결정적으로 인간에게—처음에는 집단적이었다가 나중에는 개인으로—맞춰지고, 자연으로부터 일반적인 생명으로 전환되는 것을 보게 될 것이다. 그래서 그 비교의 입문자들은 젊은 신을 따라서 죽고, 다시 태어나면서 영원히 살기 위해서(athanasia) 죽는다.

수메르 문명은 오랫동안 그들의 자율성을 지녀왔던 여러 도시들에서 생겨났다. 그 모든 도시들에는 그 지방의 종교 체계에 속한 사제들의 집단과 신화, 서사적이고, 종교적이며, 서정적인 시와 신화를 가르치는 교사들의 단체가 있었다. 그 도시들이 처음에 만났을 때, 잡다한 것들로 뒤섞여 있었다. 아카디아 문명이 수메르 문명과 접합할 때, 얼마 지나지 않아서 아카디아 사람들은 수메르의 종교 전통에 그들 자신의 수많은 신들을 덧붙여 놓은 것이다. 역사 시대가 되어 원시종교에서 샘의 영, 태양의 영, 달의 영, 산, 숲, 강 등의 영 안에 있는 풍요와 다산의 신성한 원리에 예배를 드릴 때, 그 신들은 인간의 형상을 가지게 되거나 부분적으로 인간이 된다. 상반신이 사람인 뱀-신, 어깨에서 뱀이 나오는 인간-신, 완전히 신인동형동성론적인 신이지만, 예를 들어서 용의 속성을 그대로 간직하고 있는 신들로 되는 것이다. 신들이 초기의 신화적 시대에 나타날 때(특히 길가메쉬의 경우), 그들은 사람들과 매우 가깝다. 모성 여신인 이슈타르(Ishtar)는 하늘에서 살지만, 땅 위에 있는 그녀의 사원(寺院)과 행렬은 우루크 도시에 있는 왕의 행렬과 만난다. 또한 창조의 신들은 술을 마시고, 술에 취하며, 전쟁이 일어날 때 공포에 질리기도 한다. 그러다가 시간이 지나면, 그 신들의 사원이 왕궁의 수준을 유지하면서 지상의 집 모습을 하고 있을지라도, 주요한 신들은 인간과 멀어지면서, 불멸을 얻게 된다. 그 사원에는 전차(戰車)들, 배들, 가수들, 연주자들, 무희들이 있고, 때를 따라서 희생제를 지냈다. 마술사-사제는 그들에게 기도를 드렸고, 기원하였으며, 청원하기도 하였다. 그러나 때에 따라서 그들을 위협할 수 있었고, 특히 메소포타미아에서는 공권력을 수호하기[79] 위해서 절대적으로 공식적인 규범으로 되어 있는 규칙과 힘들로 이루어진 마술적 의식(儀式)이 요구하는 행동을 하지 않을 수 없었다. 이렇게 공개적으로(exotérique) 이루어지는 의식 옆에는 "감춰져 있는 것들"에 대한 지식을 얻을 수 있고, 오직 어떤 사제들만이 시행할 수 있는 비의의 내밀한(ésotérique) 의식이 있다.

고대 수메르 시대로까지 거슬러 올라가기 때문에 가장 먼 옛날부터 알려져 왔던 이 의식들 가운데 하나는 아마 젊은 신 탐무즈("대양, 大洋의 충실한 아들")를 위한 의식임이 틀림없을 것이다. 그런데 이 신은 원래 지하계의 식물의 여신(뱀의 모양을 하고 있는)이었는데, 수메르 사람들이 바빌로니아를 점령했을 때, 그 원시적인 여신은 젊은 신[80]으로 변환되었고, 그 여신에게는 새로운 어머니이자 연인의 속성이 부여되었다. 이난나 이슈타르(Innana Ishtar)가 된 것이다. 그 여신에 관한 신화는 그녀의 어머니가 격렬한 탄식을 하고, 모든 사람들에게 그녀를 애도하게 하는 가운데서 그녀의 죽음과 그녀가 "돌아올 수 없는 나라"로 여행을 떠난 이야기를 전해준다.[81]

비교의 가장 중요한 축제가 행해진 지역은 바빌로니아이다. 거기에서는 아시리아와 바빌로니아의 모든 백성들이 고대 동방에서 두 번째로 위대한 생명의 신인 "마르둑의 손을 잡으려고" 달려왔다. 그는 바빌로니아의 중요한 신인데, 수메르의 늙은 신 엔릴(Enlil)의 모든 특성을 물려받으면서 그를 폐위시켰다.

마르둑의 옆에는 그의 아내인 자르파니트(Zarpanite 또는 Sarpanitou) 여신이 있는데, 그녀는 "은빛을 비추는 여신"이다. 그것은 그녀가 탁월하게 모성적 보호 기능을 하며, 본래 달에 기원을 두고 있음을 보여준다. 자르파니트에게 바쳐진 노래는 랑그독 지방의 음유시인들이 귀부인을 숭배하는 것과 함께 13세기까지 발달한 것이 틀림없는, 남성들에게 있는 여성적 상상계에 대한 가정을 보여준다. 우리는 여기에서 바빌로니아의 가장 중요한 기념물이었던 마르둑 사원에 대해서 더 길게 살펴볼 수 없다. 다만 그것은 하늘과 땅의 기초인 에테메난키(Etemenanki, 마르둑에게 봉헌된 바빌로니아의 사원—역자 주)로 이어졌다는 사실만 말하려고 한다. 그것은 저 유명한 바벨탑을 말할 것이다. 바빌로니아의 성탑 모양을 한 사원(Ziqqurat)은 마르둑과 그의 아내 자르파니트가 그 성탑의 제일 꼭대기 방에서 신성혼(hierogamos) 의식을 거행할 때, 장식으로 사용되었다. 거기에서 여성은 일반적으로 여신의 역할을 맡고, 사제는 아마 신의 역할을 맡을 것이다.

거기에서도 마르둑은 그 전에 죽고, 망자의 동굴에 의식을 갖추어서 매장된 다음 부활하였다. 이 축제는 바빌로니아의 새해(3월-4월) 12일 동안 진행되었다. 마르둑과 자르파니트에게 수많은 기도가 드려지고, 정화와 속죄가 행해진 다음, 대사제들은 우주와 인간들의 창조를 묘사한 장엄한 시적 서사를 읊는다: 마르둑이 "만물의 어머니" 티아마트와 그의 괴물 같은 뱀들과 무시무시한 용들 및 수중괴물들과 휙휙 소리 내는 독사들과 무시무시한 천둥들과 어떻게 싸워서 이겼는지 하는 것을 읊는 것이다. 마르둑은 오른편에는 철퇴와 활로 무장하고, 옆구리에는 화살 통을 찼으며, 왼손에는 거대한 그물을 메고 티아마트의 거대한 몸속으로 들어갈 수 있는 모든 종류의 바람을 만들면서 혼자 티아마트의 군대를 향해서 돌진하였다. 그는 그의 눈초리로 티아마트와 그의 아들 킹구와 부하들을 마비시키고, 그물로 티아마트를 가뒀다. 그러나 티아마트는 그의 어마어마한 입을 벌려서 마르둑을 집어삼키려고 하였지만 마르둑은 거대한 폭풍을 일으켜서 다른 사나운 바람들이 티아마트의 몸속으로 들어가고, 그의 심장까지 접근하려고 폭풍의 입을 티아마트에게 벌려 놓았다. 그런 다음에 마르둑은 화살을 티아마트에게 쏘아서 그녀의 뱃속까지 관통하게 하였다. 그리고 티아마트의 내장을 들어내고, 잘게 자르고, 심장을 도려낸 다음, 그녀의 시체를 거꾸로 놓고, 그 위에 앉았다. 그렇게 한 다음 마르둑은 티아마트의 신체로부터 하늘과 땅을 창조하였고, 식물들과 동물들을 만들었으며, 진흙과 정복된 티아마트의 아들인 킹구의 피로 사람의 형상을 만들었다.

그 이래로 모든 신들은 마르둑에게 충성 서약을 하면서 경배하였다. 다른 봉헌자들이 마르둑의 전투를 흉내 내면서 재연하는 동안 대사제(大司祭)는 "그가 티아마트를 계속해서 이기고, 티아마트의 날이 오지 않게 하소서"라고 읊송하고, 합창단은 다같이 노래부른다. 그 다음에 절대적인 정화를 보증하는 거대한 정화 예식이 행해진다. 요리사-사제는 염소 한 마리의 목을 따고, 퇴마사-사제는 정화와 퇴마의 공식을 읊으면서 염소의 몸통을 마르둑과 자르파니트와 그들의 아들인 나부(Nabu)의 제단으로 끌고 온다. 그 다음에 그들은 염소의 몸통과 머리를 강물에 던지고, 강물은 그것들을 집어삼킨다. 여기에는 이스라엘의 속죄 염소 의례 전부가 담겨 있고, 범죄자(*pharmakos*)를 마을에서 끌고 다니다가, 그 다음 바다에 쳐 넣는 그리스의 제의가 들어 있다.[82] 그 염소와 접촉했던 사제-요리사와 사제-퇴마사는 그 다음에 그 장소와 사람들을 더럽히지 않도록 그 비의가 끝날 때까지 사막에 들어가서 머물렀다. 그런 것들이 다 행해진 다음 바빌로니아 왕은 마르둑의 예배당에 안내되어 대사제와 함께 머무른다. 대사제는 왕의 무장을 해제하고, 그의 지위를 박탈한다. 그의 휘장, 왕홀(王笏), 왕관을 벗기고, 그것들을 신의 상 앞에 놓는다. 또한 그는 왕의 따귀를 때리고, 귀를 잡아끌고, 무릎 꿇고 죄의 고백을 하라고 종용하고, 맨 마지막에 용서해준다. 이 모욕과 정화 의례에서 왕은 채찍을 맞고, 감옥에 갇혔으며, 모욕당하고, 죽은 마르둑이다.

생명의 신이 혼돈의 세력을 정복하고, 어둠의 세계를 지나가는 동안 죽었던 상태에서 살아나는 것은 이 희생적 죽음을 통해서이다. 본래 희생 제물이 되는 신의 역할을 한 것은—그리스의 제의에서처럼—사형 선고를 받은 죄수인 것이 틀림없다. 사정이 어떻든지 간에 신을 나타내는 왕의 상징적 죽음과 모욕—또는 인간적인 속죄 염소—의 소식은 온 마을 사람들에게 깊은 정동적 반응을 불러일으킨다. 사제는 "주님이 산[83]에 붙잡혀 계십니다. 누가 그를 구출하겠습니까?"라고 외치면서 거리를 뛰어다닌다. 슬픔에 잠긴 자르파니트—그의 배우자—도 "아, 나의 오라버니! 아, 나의 오라버니!"라고 절망에 찬 절규를 하면서, 그녀의 남편 신을 찾아다닌다. 그러다가 그녀는 경비병들이 지키고 있는 "매장지의 문"에 이르러, 거기에서 그의 오라버니이자 남편의 피로 범벅이 된 시체를 발견한다. 그녀는 그 시신을 수건으로 닦고, 상처에 붕대를 감으면서, 한탄한다. 그러는 동안, 신의—왕의—옷들과 휘장들이 군중들에게 내보여지고, 군중들은 온 마을의 거리에서 그것을 보고 열광한다. 소요가 일어나고, 주연이 펼쳐지며, 사람들은 함성을 지르고, 시끌벅적한 술잔치가 벌어진다. 간단하게 말해서, 흥청망청한 새턴의 축제가 벌어지는 것이다. 이제 땅과 하늘의 지배자는 더 이상 존재하지 않는다. 모든 관계가 끊어졌으며, 머슴이 주인이 되고, 노예들이 해방된다. 왕은 왕의 옷과 휘장을 한 사형수인 사육제의 군주(君主)로 바뀌었다. 그날에 한해서 그는 그 나라를 다스릴 수 있다. 그는 축제가 끝날 무렵 몽둥이로 맞고, 매달릴 것이기 때문이다. 그는 마르둑의 아들인 나부에 의해서 신을 죽인 자로 발견되어, 죽음에 처해지게 된다. 그리고 그의 머리는 잘라져서 자르파니트의 예배당으로 옮겨진다. 그때 예배를 집전하는 사제는 죽음의 왕국에서 3일 동안 전투를 벌인 신을 더 영화롭게 하기 위해서 창조의 서사시를 나타내는 무언극을 다시 한다. 그러나 그 전투는 이번에는 그 의례에 참석한 사람들이 정말 벌이면서 그들에게 종종 좋지 않은 결과를 가져오면서 끝나는—적어도 가장 고대 사회에서는 이런 일들이 많았다—싸움을 상징적으로 나타낸다. 그래서 어떤 사람들은 악의 세력과 죽음의 세력을 나타내도록 선택되기도 하였다.

마르둑의 부활이 일어나는 것은 이 전투가 벌어진 다음이다. 왜냐하면 신과 그의 누이-여신의 신성혼이 생명과 선의 능력의 부활을 나타내면서 거행되는 것은 지구라트이기 때문이다. 그런데 그것은 동시에 아니마와 아니무스의 원형이 어머니-여신과 그녀에게 속한 모든 어두운 세계("땅 속과 바다 속": 즉 무의식 세계)의 마법의 행렬들이 모두 멸절된 것으로부터 현현하는 것을 상징적으로 나타내는 것이기도 하다. "마르둑은 무덤 속에서 생명을 줄 수 있고, 자르파니트는 죽음의 심연에서 구원해낼 수 있다"고 "의인의 고난"에 대해서 그 시대에 대한 시를 지은 어느 시인은 읊었고, 이어서 "나는 평화의 문 안에서 마르둑의 곁에 있으며, 넘치는 문 안에서 자르파니트의 발에 입을 맞추네"라고 덧붙였다.

## 2. 메소포타미아 의학과 신화

헤로도토스는 바빌로니아 사람들에게는 의학교가 없었으며, 그들은 환자를 공공장소에 데려다가 지나가는 행인들과 구경꾼들이 그들을 보면서 병리에 대한 체험을 하게 하였다고 보고하였다. 그러나 그것은 전혀 사실이 아니다. 그렇기는커녕 바빌로니아에는 세계적으로 유명한 의학교들이 많았으며, 그것들은 사원에 장소를 두고, 성직자들에 의해서 관리되었다. 의사-사제들은 그곳을 아수(Asu)라고 불렀는데, 그 말의 의미는 (악마를 쫓기 위해서) "물을 아는 사람"이라는 의미이다. 악마를 쫓는 기술은 아수투(asutu)이고, 아쉬피(ashipu)라는 말은 특별히 악마를 쫓는 사람(conjurateur)이라는 의미이다. 또한 바루(baru)라는 말은 '보는 자'(voyant, 見者)라는 의미이고, 마슈마쉬(mashmashu)라는 말은 주술사(incantateur)라는 의미이다. 이런 모든 의사-사제들은 샹구(shangu)라는 단체를 만들었는데, 그 말은 점점 모든 전문적인 자유직을 지칭하는 용어로 되었다. 어쨌든 의사들 사이의 구분은 상당히 일찍부터 지어졌으며, 그들에게 엄격하게 부여된 사제적 특성은 그들을 특별한 부류로 취급되게 하였다. 그래서 외과 의사들은 함무라비 법전에서도 명예로운 지위를 얻었으며, 매우 엄격하게 규정되어 있다.

의사들의 신은 흔히 지식의 신인 에아(Ea)였다. 그러나 수많은 다른 신성들이 그 자리를 차지하려고 다투었는데, 니누르타(Ninurta)는 원래 풍요와 다산의 신이었고, 몰로스(그리스의 부족 가운데 하나—역자 주)에 의해서 퇴위당한 니누르타의 아내이며, 개의 종(種)의 원형인 굴라(Gula)[84]와 마르둑도 그랬다. 수메로-아카디아인들은 그들에게 죄를 짓게 하는 원천이 수도 없이 많았다. 그들은 사람들이 죄를 짓지 않을 수 없었다고 생각했던 것이다. 왜냐하면 그들은 신의 법을 위반하는 것뿐만 아니라 그들 모두가 죽을 수밖에 없는 상황에서 그들 자신이 미처 예상할 수 없고, 예측할 수도 없는 흠들이 수도 없이 많다고 생각했기 때문이다. 그런데 모든 죄에는 사람을 위축시키게 하는 어떤 것이 있다. 죄를 지은 사람에게 그의 신은 그의 몸에서 빠져나갔고, "위로가 가득 한 여신이 그에게서 멀리 떨어져 있으며", 그에 따라서 그는 곧 벌을 받을 것이기 때문이다. 그렇지 않으면, 신은 죄인을 직접 때리면서, "이것은 아다드(Adad, 바빌로니아·아시리아 신화에서 날씨를 담당하는 신으로 수메르에서는 이슈쿠르, 서부 셈족은 하다드라고 불렀다—역자 주)의 손이다"라고 하거나, "이것은 채찍을 든 이슈타르의 손이다"라고 한다고 돌 판에 새겨 있다. 그렇지 않으면, 죄인을 포기해버린 신은 그를 악마의 장(場)에 넘겨줘서, 악마 가운데 하나가 그를 자신의 것으로 취하고, "사로잡아" 버린다. 그것은 어떤 때는 무엇인지 잘 알 수 없는 악마에 의한 병이고, 그와 달리 또 어떤 때는 "특정한 악마"에 의한 병일 수 있다. 예를 들어서 말하자면, 어떤 사람이 그 자신에 대해서 부정적인 주술적 말을 많이 하거나 단순한 "두통"이라기보다는 머리와 관계되는 좀 위험한 병증을 보인다면, "머리-악마"가 특히 왕성하게 활동하는 것일 수 있다.[85]

"머리의 악마는 바람처럼 황야를 맴돌고, 번개처럼 번쩍거리며, 어디든지 몰래 들어온다. 그는 자신의 신을 두려워하지 않는 사람을 갈대를 짓밟듯 쓰러트린다. 그는 헤나(열대식물, 잎과 잎 꼭지에서 추출된 염료는 머리 염색이나 일시적 문신에 쓴다—역자 주) 막대기로 그 사람의 머리끝에서부터 발가락까지 돌아다닌다. 그는 보호하는 여신에게 버림받은 사람의 근육을 공격하는 것이다. 그는 어떤 때는 하늘에 있는 별들처럼 반짝이고, 또 어떤 때는 이슬처럼 땅에 떨어지는데. ... 그에 따라서 사람들은 비명을 지른다. 누가 그를 쫓아낼 것인가? 신(Sin)의 딸 이슈타르, 벨(Bel)의 아들인 신(?), , 에리두(Eridu)의 아들 마르둑, 이들 여행자들이 그를 쫓아낼 것이다."

설형문자로 된 이 도판의 아주 간략한 글들은 그 본래적인 본문과 상황을 나타내는 시와는 거리가 멀고, 거기에서 일부 발췌한 것이라서 시로 된 주문의 진정한 모습을 다 보여줄 수는 없을 것이다. 그렇기는 하지만, 주술적인 기원에는 언제나 저주에 의해서 생긴 병의 원인과 그 의례적 처방(處方)과 소위 말하는 퇴마에 대한 묘사들이 들어있다. 치료자-사제는 퇴마를 하는 도중에 그가 그런 능력을 받게 된 내력을 죽 읊으면서 그 자신이 에아와 마르둑을 대신하는 사자(使者)라고 선포한다.

"심연에 있는 진흙 한 주먹을 취하라,
그것으로 그의 몸을 따라서 작은 인형을 만들라,
한 밤중에 그것을 환자의 허리 위에 올려 놓으라;
새벽에 그의 몸을 정화시켜라;
에리두의 주문을 외워라,
그의 위에 녹은 나쁜 나므타르가
그의 옆구리를 붙잡고 있는 것을 풀어주도록
그의 얼굴을 서쪽으로 돌려놓으라."

우리는 병-악마들의 완전한 목록을 다 살펴볼 수는 없을 것이다. 우리는 다만 아사쿠(Asakku)가 특별히 사람들을 쇠약하게 하고, 무기력하게 한다는 말만 덧붙이도록 하겠다.

"나쁜 아사쿠가 천둥처럼 다가간다,
그는 옷을 화려하게 입고 거대한 대지를 가득 채운다;
그는 무시무시한 소리들로 둘러싸여서 두려움을 퍼뜨린다;
그는 거리를 쏘다니고, 길들을 혼잡하게 한다.
그가 사람들 옆에 있지만, 사람들은 그를 보지 못한다;
그가 사람들 옆에 앉아도, 아무것도 보이지 않는다.
그가 집에 들어갈지라도, 어느 누구도 그의 모습을 알아차리지 못하고,
그가 나갈지라도, 역시 그를 보지 못한다."

라마슈타(Lamashuta)는 여성적 악마인데, 그녀는 임신한 여성이 낙태하도록 공격하고, 해산하는 여성을 공격하여 아기와 그 어머니를 덮치려고 한다.[86]

"그녀는 화가 났고, 매우 극성스러우며, 여신이고, 무섭다,
그녀는 표범 같고, 아누(메소포타미아의 하늘의 신으로 벨 Bel, 에아 Ea와 더불어 3대 신 가운데 하나—역자 주)의 딸이며,
그녀의 발은 주(Zu)의 발 같고, 그녀의 손은 더러우며, 그녀의 얼굴은 힘센 사자의 얼굴 같다;
그녀는 갈대숲에서 나타나는데, 그녀의 머리칼은 헝클어져 있으며, 가슴은 다 드러났다;
그녀는 황소의 발자국 위를 걸어가고, 양의 발자국을 따라가며,
그녀의 손은 살과 피 속에 있다;
그녀는 창문으로 들어오지만, 뱀처럼 미끄러져 간다.

너의 아이들을 데리고 와라, 내가 그 아이들에게 젖을 줄 테다,

너의 손녀딸들을 데리고 와라, 내가 그 아이들을 지키는 자가 되리라;

너의 손녀딸들의 입에 나의 가슴을 물릴 것이다."

우리는 또한 이런 저런 악마에 의한 병에 대해서도 생각해 볼 수 있다. 메소포타미아 사람들은 그 병들을 일곱(Sept)이라는 무시무시한 이름 아래 모아 놓았다.

"아사쿠는 사람의 머리를 공격하였다;

나므타르는 사람의 생명을 공격하였다;

나쁜 우투쿠(Utukku)는 그의 목덜미를 공격하였다;

나쁜 에디무(Edimmu)는 그의 배를 공격하였다;

나쁜 갈루(Gallu)는 그의 손을 공격하였다;

나쁜 신은 그의 발을 공격하였다.

그 일곱은 모여서 사람을 사로잡고,

사람의 몸을 활활 타오르는 불처럼 집어삼킨다."

어떤 퇴마 의식에서는 병-악마에게 협박을 하고, 위협하거나 약속을 한다.

"네가 떠날 때까지,

네가 '그의 신의 아들'인 그의 몸에서 나갈 때까지,

너는 아무것도 먹지 못할 것이고,

물을 한 모금도 마시지 못할 것이다.

너는 너를 창조하신 나의(?) 아버지 벨의 책상을 향해서 손을 펴지도 못할 것이다. ...

가라! 나는 하늘과 땅의 이름으로 네가 떠날 것을 명령한다!"

다른 퇴마사들은 대체-동물을 이용하여 희생 염소에게 병을 가져다준 악마를 쫓아버리기도 한다. 복음서에서도 그리스도는 그가 사로잡은 사람을 괴롭히는 악마들에게 새로운 거처로 돼지 떼를 내주었다(마가 5:1-14). 바빌로니아에서 치유 기술은 희생당한 동물의 몸을 환자의 몸으로 바꿔치기 하는데, 그 동물의 몸은 환자의 병을 취해서 지옥으로 가져간다.

"사제는 새끼 염소의 다리를 환자의 머리 위에 올려놓고

이렇게 말한다: 새끼 염소는 사람을 대신하고 있으며, 사람과 생명을 바꾸고,

새끼 염소의 머리를 사람에게 주고,

그의 목을 사람의 목으로 주며,

그의 가슴을 사람의 가슴으로 준다. ...

젖먹이 돼지를 취해서

환자의 머리 위치에 놓으라;

그의 심장을 꺼내서 환자의 심장 위에 놓고,

그 피를 침대 옆에 뿌려라;

젖먹이 돼지의 네 다리를 자르고, 그것들을 환자의 팔다리 위에 펼쳐놓으라;

그 다음에 그 사람을 깊은 연못의 깨끗한 물로 씻으라,

그가 깨끗해지도록 그를 씻으라

그에게 향로와 횃불을 가져가라;

구운 빵 일곱 개를 재 속에 두 번 넣고,
문 닫힌 반대쪽에 놓으라,
그리고 젖먹이 돼지를 그의 자리에 놓으라,
그의 살갗이 환자의 살갗 같이 되게 하라.
그리고 그가 그것을 가지게 하라...
그 젖먹이 돼지가 환자를 대신하게 하라."

프랑스 시골에서 사람들이 비둘기를 희생시켜서, 그것을 화살 모양으로 쪼개고, 흐르는 피를 환자의 환부(患部)에 가져다 댄 것은 그렇게 오래 전의 일이 아니다.

꽁뜨노(G. Contenau)는 오랫동안 "지옥의 철판"이라는 이름으로 불린 유명한 퇴마의식을 끌레르크가 수집한 철판과 함께 그 장면들을 묘사해서 전해 준다. 그런 이름이 붙은 이유는 그 장면들에 아랄루(arallu; 바빌로니아와 아시리아에서 죽은 사람들의 거처라고 생각한 곳인데, 다른 이름으로 철판이라는 의미도 있다—역자 주)로 가는 것이 있기 때문이다.[87] 그 퇴마의식은 우리가 샤만들에게서 많이 보았듯이 지옥으로의 여행과 비슷했던 것이다.

그 철판의 뒷면에는 날개가 달린 괴물이 있는데, 그것은 비늘들로 뒤덮인 야수이다. 그는 뱀의 머리를 하고 있는데, 머리에 꼬리와 성기가 달려 있고, 뒷발은 독수리의 발이며, 앞발은 사나운 맹금류의 발톱을 가지고 있고, 철판의 꼭대기까지 무엇인가를 움켜쥐려고 뻗어 있다. 머리는 사자의 머리로 철판에서 벗어나려고 한다. 그것은 파주주(Pazuzu; 바빌로니아-아시리아에서 바람을 일으키는 악마의 왕—역자 주)인데 뜨거운 바람을 일으키는 남서풍을 의인화한 악마이다.

그 철판의 앞면은 네 영역으로 나누어져 있는데, 첫 번째 영역에는 위대한 신들의 표상이 들어있다: 아수르(Assur; 날개가 달린 원반), 이슈타르(Ishtar; 여덟 개의 광선이 있는 별을 가진 원반), 신(Sin; 초승달), 에아(Ea; 수양의 머리를 한 왕홀, 王忽), 나부(Nabu; 돌을 쪼거나, 돌에 글을 새기는 끌), 마르둑(Marduk; 끝이 뾰족한 창) 등이다.

두 번째 영역의 아래쪽에는 긴 옷을 입고, 위협하듯이 오른팔을 든 일곱 악마들이 있는데, 각각의 악마들은 동물의 머리를 하고 있다.

> "그 일곱 가운데서 첫 번째는 남풍이고...
> 두 번째는 용인데, 입이 벌어져 있으며,
> 세 번째는 사나운 팬더이고,
> 네 번째는 무시무시한 뱀이며,
> 다섯 번째는 경악케 하는 사자이고,
> 여섯 번째는 신과 왕 ... 들에게 기어오르는 파충류이며,
> 일곱 번째는 죽음을 가져오는 폭풍이다."

세 번째 영역은 소위 말하는 퇴마의식에 의한 치료 장면을 나타낸다. 환자를 침대에 눕게 하고, 이불로 감싸며, 팔 하나는 하늘을 향해서 들려진다. 발이 있는 쪽과 머리 쪽에 물고기를 나타내는 옷을 입은 사제 두 명이 선다. 왼쪽에 있는 조그만 원탁 위에는 불의 신 누스쿠(Nusku)를 나타내는 구두 모양의 커다란 램프가 놓여 있고, 오른쪽에는 세 명의 수호신이 서로 싸우고 있다.

네 번째 영역은 물고기들이 헤엄치는 강을 나타낸다. 강 한 복판에는 뱃머리와 배꼬리가 동물의 얼굴 모양으로 된 나룻배가 있다. 그 안에는 여자 악마인 라마슈타(Lamashuta)의 무게에 눌려서 등이 휜 당나귀가 있고, 그 뒤에 파주주가 있다. 그 옆에는 악마들의 의례에 쓰이

는 물품들이 있는데, 그것들은 그들이 서쪽에 있는 벌판을 통해서 지옥으로 긴 여행을 할 때 그들을 부르기 위해서 바쳐지는 물자들이다.

사제들이 그 역할을 하고, 흉내를 내는 이 모든 사람들, 즉 그 가족들과 참석한 사람들에 대해서 생각해 보아야 한다. 그들은 환자의 집이나 사원("병원")에서 환자 둘레에 둥글게 원을 그리고 있다. 거기에서는 퇴마를 위한 주술적인 시의 운율에 맞춰서 선한 신들이 나쁜 악마들에 맞서서 싸우는 노래와 합창과 춤 등이 추어진다.

여기에서 행하는 주문(呪文)과 푸닥거리와 퇴마의식은 우리가 앞에서 보았듯이 수메르-아카디아 사람들에게서도 많이 발견할 수 있고, 모든 고대 문명에서 일반적으로 행해진 것들인데, 꽁뜨노가 말한 "이름의 교리"(doctrine du nom)로 설명할 수 있다. 이 사람들은 아직 이름을 부여받지 못한 것들은 아직 존재하지 않는 것이라고 순진하고, 단순하게 생각한다(그래서 퇴마의식을 할 때도 어떤 악마를 내쫓으려면, 그에게 이름을 붙여야 내쫓을 수 있다—역자 주).

세계의 창조를 노래하는 시는 "위로 하늘에게 이름이 없고, 아래로 땅에게도 아직 이름이 없을 때 ... 이 세상 어느 것에도 이름이 없었다..."라는 구절로 시작되는데, 이 노래는 우리에게 창조는 무엇보다도 태초의 인간에게 사물들과 존재하는 것들에 이름을 붙이려고 하는 욕망이었다는 사실을 보여준다. 영장류에게 있어서 창조는 말과 언어의 출현을 말하는 것이었다는 말이다.

성경의 창세기도 똑같은 사실을 아담이 동물들과 사물들의 이름을 짓는 것으로 나타낸다. 이집트 사람들에게서 이름은 그 사물과 존재 자체의 깊은 본질에 참여하는 것이며, 그것을 뛰어넘어서 그 사물을 창조하거나, 그것을 존재하게 하는 것이다.

그것으로부터 태초의 인간은 나중에 말, 목소리, 글, 수, 숫자 등에 마술적인 힘을 부여하게 된다. 그래서 창조주는 사물들과 존재하는 것들이 무(無)로부터 출현하게 하려면 그것들에게 이름을 붙이기만 하면 된다. 예를 들어서 말하자면, 고대 수메르 사람들에게서 창조주는 진흙을 가지고 우주를 도공(陶工)의 성 위에 만들었고[88], 이집트에서 토트(Thot; 이집트 신화에서 지혜, 마술, 과학, 심판, 죽음의 신이며, 우주를 창조한 신으로 따오기의 머리를 하고 있다—역자 주)는 이미 말로 우주를 창조하였다. 그때부터 목소리의 음색(音色)과 음고(音高)는 주술에서 주문을 읊고, 퇴마의식을 할 때 매우 중요하게 여겨졌다. ... 그것이 이집트 사람들이 "목소리가 바르다"고 말하는 것이다. 여기에 가락이 곧 덧붙여지면서, 시를 영창(詠唱)하는 것이 생기고, 음악이 생겼으며, 그때부터 노래는 단순한 말보다 더 강한 힘을 가지게 되었다. 그러므로 음악의 기원은 신적인 것이며, 계시된 것이라고 할 수 있다. 음악의 힘(매력)은 그것이 동물에게 하는 것, 즉 동물들 사이에서 (짝짓기를 할 때 부르는 노래나 외침) 하는 것이나 사람이 동물을 부를 때 (뱀을 유혹하는 사람, 오르페우스, 피리를 부는 한스 등) 하는 것보다 훨씬 더 강력하다.

더구나 고대 사회에서 피타고라스는 천상 영역에서의 음악에 대한 이론을 말하고, 음악을 그 당시의 모든 천문학과 연계시키며, 우주의 일반적인 조화와 연결시킨다. 태초의 인간에게 노래가 각 사물이나 존재, 행동에 하나씩 붙여지는 것이다: 천둥, 비, 뱀, 순산(順産), 출혈 방지, 땅의 황폐화, 초혼(招魂), 트랜스, 모든 종류의 마법 등을 할 때마다 노래가 불리는 것이다. 호리다 또는 마술을 걸다(enchanter)라는 단어나 마술 걸기(enchantement)나 매혹(charme; charme이라는 말의 어원인 carmen은 매혹적인 노래라는 의미)이라는 단어는 이미 음악과 신성한 마술이 본래 혼합되어 있는 것을 보여준다(프랑스 어에서 chant라는 말은 노래라는 의미이고, en은 ... 속으로 라는 의미이므로 enchanter라는 말은 자연히 노래로 유혹한다는 의미를 지니게 된다—역자 주).

같은 방식으로 춤(danse)은 행동으로 그림을 그리는 것이다. 춤과 동작의 관계는 노래와 가사(歌詞)의 관계와 같은 것이다. 따라서 춤은 형태로 하는 음악, 특별히 몸의 표현인 것이다(그것은 노래가 언어로 표현하는 것과 같은 맥락이다—역자 주). 그래서 춤은 모든 사물, 존재, 행동들에 적용된다: 사랑, 전쟁, 사냥, 비, 죽음, 병 ... 등의 상황에서 춤을 춘다. 춤에도 리듬이 있어서, 그 동작, 모양, 움직임, 굴곡 등은 리드미컬하게 넘어간다. ... 그래서 모든 의례에는 춤이 있다.

오늘날 모든 정신-신체적 질환의 치료에는 모든 종류의 예술적 표현이 사용된다: 음악, 춤, 신체적 표현, 연극, 싸이코 드라마 등은 개인과 누멘적인 힘 사이에서 이루어지는 이 마술적 교류에서 나오는 카타르시스적이고, 조화를 이루게 하며, 중심을 다시 잡아주는 능력을 사용하는 것이다.

# 제3장
# 고대 이집트의 입문의례

## 1. 서문

모차르트의 "마술 피리"는 우리에게 음악과 시(Schikaneder의 대본)를 통하여 이집트의 오래 된 비의(祕儀)에서 시행하는 입문의례를 보여준다. 비엔나에서 가장 오래 된 프리메이슨의 결사(結社)에 속해 있던 모차르트는 그 오페라를 가지고 레오폴드 2세(1790-1792) 치하에서 상당히 위험시되고, 불명예스럽게 생각되던 오스트리아의 프리메이슨을 복권시키려고 기도하였다. 고대 이집트는 특별히 지혜의 땅으로 알려졌다. 헤로도토스는 이 판단에 대해서 아무것도 말한 것이 없는데, 그는 『역사』(*Histoire*)에서 이렇게 기록하였다: "이집트 사람들에게 환경이 특별한 것처럼 그들의 강은 다른 모든 강들과 다른 특성을 가지고 있으며, 그들의 관례와 풍습도 거의 모든 분야에 있어서 다른 사람들이 하는 것들과 아주 다르다. 그들에게 있어서 장을 보는 것은 여성인데, 여성들이 장을 볼 동안 남성들은 집에서 실을 잣는다. ... 여성들은 일어서서 소변을 보는데, 남성들은 쪼그리고 앉아서 소변을 본다. 그들은 대소변은 집에서 보지만, 음식은 길거리에서 먹는다. 그들은 어떤 것이 필요하기는 하지만 보기에 좋지 않으면 은밀하게 해야 하지만, 예의에 어긋나지 않은 것은 공개적으로 해야 한다고 말한다. 여성들이 남신이나 여신의 사제로 종사하는 경우는 없다. ... 다른 나라들에서 사제들은 머리카락이 자라게 하지만, 이집트에서는 머리카락을 면도한다. ... 다른 나라 사람들은 짐승들과 떨어져서 살지만, 이집트 사람들은 짐승들과 같이 산다. ...그들은 다른 그 어떤 나라 사람들보다 대단히 경건해서, 우리는 그들에게서 그에 따르는 실행들을 볼 수 있다. 그들은 구리로 만든 컵에 음료수를 마시는데, 그것들을 매일 잘 씻는다. 그것도 어쩌다가 씻는 것이 아니라 항상 깨끗하게 씻는다. 그들은 언제나 깨끗이 빤 아마 포 옷을 입는데, 그 점에 있어서 매우 엄격하다. 그들은 청결을 사랑하여 할례를 행하고, 편한 것보다 청결한 것을 더 좋아한다. 사제들은 그들이 집례 하는 동안 다른 사람들이 그들에게서 이나 다른 벌레들이 있는 것을 보지 못하도록 이틀에 한 번씩 온몸에 있는 털을 깎는다. 그들은 아마 포로 된 옷과 비블로스(레바논의 도시—역자 주) 산(産) 신발 이외에는 입거나 신지 않는다. 사제들은 낮에 두 번, 밤에 두 번 찬 물로 목욕을 한다. 그 밖에도 그들은 또 다른 의식들을 해야 하는데, 그 수는 대단히 많다."

그리스 사람들은 이집트 사람들을 보고 너무 놀라서 모든 저명한 사람들이 그들의 지혜를 배우려고 이집트로 달려갔다. 크신드의 에우독스(그리스의 의사, 천문학자—역자 주), 아르키메데스, 탈레스, 플라톤, 호메로스, 유리피데스, 솔론 등이 모두 이집트를 방문하였다. ...

사도행전도 모세가 위대한 것은 그가 이집트의 지혜를 동화시켰기 때문이라고 확인해 주고, 프로이드는 1938년 『모세와 유일신교』에서 모세가 이집트 사람이었다고 "주장"한다.

심지어 스펜스(Lewis Spence)는 1930년에 기독교는 이집트의 중요한 사상인 부활을 실제의 삶에서 시행하려는 종교였다고 주장하였다. 그의 말은 이집트의 비의가 생명의 신이 우주 전체를 위해서 죽음의 세력들과 싸운다는 수메르-아카디아의 비의와 아주 밀접한 관계에 있다는 점은 동의할 수 있지만, 그것이 아직 개인으로서의 인간에게까지 미치지 못한다는 점을 생각할 때는 의심할 나위 없이 과장된 주장이다. 그럼에도 불구하고, 이집트의 비의는 그들이 한 개인(출생과 개인적인 자아의 발달)을 생명의 신과 동일시했다는 점에 있어서 바빌로니아의 비의를 훨씬 많이 능가하고 있다. 고대 이집트의 『사자(死者)의 서(書)』는 그것을 아주 잘 표현하고 있다: "그 사실(부활의 비밀)을 아는 사람은 죽은 자의 왕국에서처럼 이 땅에서 행복하다. 이것은 그 깊이를 알 수 없는, 형태가 없는 신비이다." 이집트 사람들은 인간의 몸에 관해서 "정신-신체적이고", 영적인 모든 교리들을 가지고 있어서 앞으로 개진할 것들 안에서 우리가 그들의 사상을 인용하지 않을 수 없게 한다.[89]

그들은 먼저 신체적인 몸을 구별하는데, 그것은 미이라로 만들 신체이다. 몸은 묵상과 명상을 하는 대상이고, 죽은 자를 이 땅과 하나가 되게 하는 장소이며, 그의 절망적인 나룻배가 닻을 내렸던 장소이다. 신체적인 몸은 마술의 도구이고, 다른 요소들에게 지속적인 형태를 제공해준다.

그 다음에는 죽은 다음에 살아 있는 동안 땅에서의 몸의 역할을 할 카(Ka)가 온다. 그것은 절대적인 영속성의 자리가 되고, 주변을 향해서 뻗어 있으며, 가장 저항적인 부분이며, 눈에 보이지 않는 존재의 가장 농밀(濃密)한 부분이다. 그것은 힌두교에서의 "프라나 사리라"(Prana carira)이며, 연금술사들에게서 "웅고"(soufre)이다. 그것은 모든 면에서 신체적인 몸과 비슷한데, 불멸이다. 그것은 죽음의 결정(結晶)의 축이다. 그것은 구심적이고, 살아 있는 "경험적" 자아에 비해서 원심적인 "에테르적" 자아이다. 더 나아가서 카에게는 "일관성"을 보장 받기 위해서 지상의 몸을 미이라로 만드는 것이 필요하다. 또한 죽은 이의 초상화를 장례식에서 조각의 형태로 만든 것 역시 그런 일관성을 보장 받으려는 것이었다. 죽은 다음에 양식을 필요로 했던 것도 같은 "에테르적" 몸이다. 거기에서부터 음식물의 봉헌이 필요하게 되었다.

카 다음에는 카이빗(Khaibit: 이집트인들이 생각한 일곱 개의 영혼 가운데서 또 다른 나를 의미하는 그림자 영혼이다—역자 주)이 오는데 그는 그림자이다. 기본적인 본능, 동물적 압력, 악 등 모든 부정적인 것으로 구성된 층이다. 그의 타락한 상태를 보고, 카이빗은 저 세상에서의 커다란 위험을 인식한다. 그가 파괴되고, 삼켜지며, 파멸될 것을 인식하는 것이다. 유령의 형태로 나타나는 것도 카이빗이다. 그것은 유태교 신비주의 카발라에서의 "에코르스"이고, 힌두교에서의 "숙슈마-사리라"이기도 하다.

그 다음에 우리는 심장(Ib)과 쌍둥이인 바(Ba; 영혼)를 만나는데, 그것은 사람의 머리를 한 새이다. 그것은 카이빗에 비하여 상위의 영혼이고, 죽은 다음에 의식의 점차적인 상실과 분해에 의한 "두번째 죽음"에 의해서 위협을 받는다. 바는 비범한 역동성을 허여(許與) 받았고, 모든 단계로 변환될 수 있다. 그녀는 신들의 절대적 자유를 상징적으로 나타낸다. 그녀는 연금술로 말하면 "용해"(Solve; Mercure)이다. 그녀는 카이빗과 이아쿠-쿠(Iakhu-Khu) 사이의 가운데 있다.

이아쿠-쿠(Iakhu-Khu)는 영(Esprit), 선택된 자, 완전이며, 입문의례를 거친 자이다. 그는 죽은 자들의 나라에서 꼴풀과 평화의 벌판에 사는데, 그곳은 죄인들이 많은 두아트(Duat)와 멀리 떨어져 있다. 그것은 힌두교에서 "마나스"(Manas; 힌두교에서 제7식인 말나식, 意를 가리킨다—역자 주)이다.

마지막으로 영화로운 몸인 사후(Sahu)가 있는데, 힌두교에서의 "붓디"(Bouddhi)이며, 깨달음을 얻고, 공인 받은 정신이다.

여기에서 이집트 사람들에게 인간의 정신적-영적 발달은 끝이 난다. 우리는 여기에서는 우리가 위에서 지적한 마술적이고, 신비하며, 감추어져 있고, 성스러우며, 유일하게 사물과 존재와 행동들을 낳을 수 있는 이름, 또는 말씀인 렌(Ren)을 제외하고는 힌두교에서의 "아트만"(절대적이고, 보편적이며, 영원하고, 변하지 않는 자기)을 찾아볼 수 없다. 그러나 상형의 음절 문자 밖에 가지고 있지 않은 이집트인들에게 특히 말씀은 중얼거리는 것 밖에 되지 않는다. 그들은 말을 하기보다 그들의 말을 더듬어서 말하는 것이다. 그들의 언어는 특히 시각적이고, 한이 없는 상상계 속에 녹아 있다. 그들에게서 보는 것은 알고, 이해하는 것이다(거기에서 호루스, 라, 툼, 오시리스의 눈이 나왔다).

사정이 어쨌든지 간에 이아쿠-쿠, 사후, 렌은 두 번째 죽음에 이르지 않고, 장례식에서 봉헌을 필요로 하지도 않는다. 그들은 오시리스의 품에 있는 것이다.

여태까지 우리는 태초와 고대인들에게서 죽음은 터부라서 사람들이 그 이름을 재난에 처할 위험을 감수하지 않고는 부를 수 없었다는 사실을 살펴보았다. 또한 우리는 이 책의 제1장에서 죽음이 발생하면 그것 자체가 치명적 감염을 일으키기 때문에 정화 의례가 행해지는 것을 살펴보았다. 그런데 이집트 사람들에게 우주 전체는 하나의 "우주적 석관(石棺)"이다. 죽음은 절대적이고, 근본적인 유한성과 무(無)와 돌아올 수 없는 그림자 왕국으로의 방황과 동의어일 뿐만 아니라 개인의 정신적-영적 발달과 혼동되고 있다. 삶과 물질적 재산과 지상에서의 행복에 취해 있는 사람들에게 죽음은 첫 번째 자리를 차지한다. 삶의 목표는 죽음이 되는 것이다. 그들에게서 존재는 존재했던 것이고, 거기에 있는 죽음을 예기한다. "우주적 석관"의 중심은 오시리스(Osiris)가 다스린다. 그는 쇠약해진 안트로포스이고, 미래의 페르샤의 마니이며, 미래의 영지주의자이다. 그 모습은 연금술사의 신체(물질) 속에 갇힌 영혼이다. 오시리스의 해체된 몸은 악마, 카발라의 아담 카드몬(Adam Kadmon)의 세력 아래 넘겨졌다. 오시리스는 희생당한 것이다. 오시리스의 누이이며 아내인 이시스(Isis)로부터 모든 신들은 꼼짝하지 못하고, 죽음 속으로 쫓겨 간 젊은 신을 위해서 눈물을 흘렸고, 복수하려고 하였다. 그래서 전 이집트에는 시체에 매력을 느끼고, 강신술을 하는 풍조가 널리 퍼졌다. 모든 이집트 사람들은 고아가 되었고, 과부가 되었으며, 상(喪)을 당한 것이다. 하지만 오시리스는 살았고, 죽음으로부터 부활하였다. 그는 하위 세계의 신이고, 모든 죽은 자들의 최고 심판관이며, 변함이 없고, 붕대로 감겨서 화석화되었지만, 죽은 자들이 나룻배를 타고 저승에 도착하면 그들을 맞이하여, 그들이 밤의 항해를 하는 동안 내내 그들을 안내한다. 오시리스는 그의 죽음을 넘어서 영생의 보증이 된 것이다. 그는 놀랍게도 현존과 부재, 삶과 죽음을 화해시킨다.

그때부터 이집트 사람들에게 신체적 죽음은 변환을 나타내게 되었다. 사람이 동물적이고, 식물적인 단계들을 거치면서 신적으로 변환되는 것을 나타냈던 것이다. 이집트 사람들은 겉으로는 뱀, 매, 해, 주목(朱木) ... 등이 될 수 있고, 그 전에 알지 못했던 수많은 형태들을 얻을 수 있었다: 사자의 머리가 두 개 달린 신, 전갈의 몸으로 된 여신, 머리가 세 개이고, 그 가운데 하나는 꼬리이기도 한 뱀 등으로 될 수 있었던 것이다. 죽은 사람은 노인이면서 동시에 갓난아기이다. 그는 신들에게 그의 보호를 맡기면서 구원을 간청한다. 우리는 죽은 이가 우리가 앞에서 살펴보았던 고대인들이 황금시대, 즉 모든 것이 가능했던 위대한 시간을 꿈꾸었던 것처럼 모든 것의 변환을 바라는 것을 볼 수 있다. 이집트 사람들은 절대적 유연성과 배아적[90] 존재의 강력한 역동성을 죽음의 영원성과 결합시킨다. 대극의 일치를 증언하는 또 다른 것은 수천 년 전의 것이지만 지하 분묘(墳墓)와 장례의 상(像)들로 쓰인 거대한 암괴(巖塊)들도 있다. 스핑크스는 이 세상을 향해서 언제나 삶과 죽음의 영원하고, 풀 수 없는 수수께끼를 드러낸다. 피라미드의 신비 역시 거기에서 그 모든 것들을 웅변한다.

## 2. 오시리스 비의

태양을 숭배하던 도시 국가들에서는 태초에 혼돈(Noun)이 있었고, 그 혼돈 속에서 창조주의 영(Atoum)은 질서를 가져왔다. 그때부터 아툼은 태양신 레(Re) 또는 라(Ra)가 된다. 레는 쌍둥이인 공기 슈(Shou)와 비 테프네트(Tefnet; 암사자의 머리를 한 여신)를 낳는다. 이 쌍둥이는 결합하여 겝(Geb, 땅)과 누트(Nout, 하늘)를 낳는다. 그 다음에 레가 늙자, 권력을 슈에게 양도하고, 하늘로 물러난다. 그는 거기서 밤에는 거처를 땅속으로 삼으면서 매일 그 왕국을 동쪽에서부터 서쪽으로 질주한다. 슈 역시 그의 힘을 겝에게 넘겨준다. 그때 겝은 그의 누이 누트와 결합하고, 누트는 다른 두 쌍의 신들을 낳았다: 그 신들은 세트-네프티스(Seth-Nephtys)와 오시리스-이시스(Osiris-Isis)이다. 여기에서 헬리오폴리스의 새로운 아홉 신들이 생겨난다. 사람들은 종종 레를 매인 고대의 호루스와 연결시킨다.

플루다르크 덕분에 이집트의 신화 가운데서 오직 오시리스 신화 전체만이 우리에게 전해졌는데, 참 역설적인 일이다. 그 밖의 다른 이집트의 신들은 오시리스처럼 알려지지 않았고, 그것은 위대한 태양신 아몬-레(Amon-Re)도 마찬가지이다. 더구나 아몬-레의 기원만큼 희미한 것도 없다. 어떤 사람들은 그가 바빌로니아의 마르둑이라고 주장하고, 또 다른 사람들은 그가 북동 아프리카의 예배에서 온 것이라고 주장한다. 그래서 브리앙(O. E. Brien)이 그가 리비아에서 생겨났을 것이라고 주장하는 것도 무리는 아니다.[91] 그는 아주 이른 시기에 "서방에서 산 최초의 거주자"이다. 다시 말해서 그는 죽음의 왕국의 신이며, 고대 인류의 위대한 조상과 같은 안트로포스로서 인류의 원초형이다. 그는 야생의 황폐한 땅을 육화한 그의 동생 세트와 달리, 경작할 수 있는 땅을 육화하였다. 마스페로(1846-1916, 프랑스의 이집트 학자—역자 주)는 그를 물의 신이라고 하였고, 그레스만(Gressmann)은 나일강의 의인화라고 주장하였으며, 어만(Erman)은 풍요와 생명의 신이라고 하였다. 그가 모든 것의 신이었던 것, 즉 죽어가는 생명과 부활의 신이었던 것은 틀림없는 일이다. 플루다르크가 전해준 신화에서 오시리스는 그의 아버지 겝을 이어서 우주를 다스린다. 그는 그의 누이 이시스와 결혼하여, 그녀로부터 호루스(Horus)를 얻고, 과학의 신 토트(Thot, 따오기 머리를 한 신)의 도움을 받아서 사람들에게 땅을 경작하고, 신들에게 예배드리며, 말하고, 글 쓰는 것을 가르쳤다.

그의 동생 세트는 그를 질투하였다. 그는 오시리스를 연회에 초대하여 그가 가진 아주 아름다운 관에 딱 들어맞는 사람에게 그 관을 주겠다고 하였다. 그 연회에 모였던 사람들 가운데서 몸집이 제일 좋았던 오리리스는 그 관을 꽉 채울 수 있었다. 그때 세트는—그 관을 자기 형의 몸에 꼭 맞게 짜 놓았기 때문에—관 뚜껑을 닫고, 서둘러서 그 관을 나일 강에 던졌다. 오시리스의 누이이며 아내인 이시스는 슬픔에 잠겨서 쉴 새 없이 그를 찾기 시작하였다. 그녀는 그를 페니키아에서 찾아서 이집트로 데려왔고, 이집트에서 그를 삼각주의 늪에 감추었다. 세트는 그를 찾아냈고, 시체를 열네 조각을 내서 이집트 전역에 흩어버렸다. 비탄에 잠긴 이시스는 지칠 줄 모르고, 그녀의 여동생 네프티스의 도움을 받아서 물고기가 삼켜버린 오시리스의 성기를 제외한 모든 부분들을 다시 찾아냈다. 그런 다음 그녀는 아누비스(재칼의 형태를 하고 있다)의 도움으로 오시리스의 몸을 다시 만들고, 미이라로 만들었는데, 오시리스는 영원히 지하 세계를 다스리게 된다. 그밖에 그녀는 그의 성기 모양의 인형을 만들었고, 이집트 사람들이 그 남근을 숭배하도록 봉헌하였다.

그의 아들 호루스는 아버지의 원수를 갚으려고 하였다. 그래서 그는 그의 삼촌이 이상한 전투를 벌이도록 도발하였고, 삼촌의 성기를 도려내었다. 그러나 그 역시 그 전투에서 눈 하나를 잃었지만[92], 세트를 사슬에 묶어서 이시스 앞에 데려갔다. 이시스는 그를 용서하고, 풀어주었다. 호루스는 이시스의 관용에 화가 나서, 그녀의 왕관을 벗기고, 그녀를 쫓아냈다. 그녀의 머리 모양이 암소의 머리로 바뀐 것은 그때부터이다. 그런 다음에 호루스는 암소로 상징되는 사랑의 여신인 하토르(Hathor)와 결혼하였다.

그때 모든 모성-여신이 암소의 모습으로 숭배 받은 것은 사실이다. 이시스 자체도 어떤 때는 동물 전체의 모습, 다른 때는 암소의 머리 하나, 또 다른 때는 두 개의 긴 소의 뿔 사이에 태양의 원반을 끼운 모양의 왕관을 쓴 모습으로 나타났다. 우리는 여기에서 다시 이시스가 오시리스의 아내이지만 마르둑의 자르파니트보다 더 분명하고, 성숙한 특성을 보이는 것을 볼 수 있다. 이시스는 어머니이며, 누이이며, 아내를 나타내는 것이다. 그녀의 여성적 인격(아니마)이 우주 전체로 확장되는 것이다. 그녀는 그녀의 힘과 사랑이 온 우주를 꿰뚫고 들어가는 하늘의 위대한 여왕, 자비가 넘치는 우주적인 아내로서의 어머니가 되는 것이다. 또한 그녀는 점차 대중의 종교적인 삶[93]에서 다른 모든 신들을—심지어 오시리스까지—쫓아낸다. 그녀는 아주 오랜 다음 예수의 어머니인 마리아 숭배와 아주 닮은 전형(前型)인 것이다.[94] 이시스의 이미지는 심지어 기독교의 동정녀를 본떠서 하늘의 푸른색 외투를 입기도 한다.

그녀의 아들 젊은-호루스는 그의 부모들과 함께 우리가 바빌로니아 밀의 종교에서는 전혀 찾아볼 수 없는 삼위일체를 형성한다. 또한 조각상을 만든 사람들은 종종 우리에게 "성모와 아기 예수"처럼 이시스의 품에 안긴 어린이-신의 모습을 보여주는데, 그 가운데는 머리칼이 오른쪽으로 흘러 내려오고, 손가락 하나를 입에 댄 모습도 있다. 아들-신의 모습인 것이다. 그것들은 모두 아들과 아버지의 역할을 동시에 수행하는 죽음-부활의 신이다. 거기에서 두 가지 원형들이 분명하게 분화된다. 더구나 민중의 상상력은 어머니가 아들을 나쁜 삼촌으로부터 보호하려는 모험들과 거기에 따르는 고통을 매우 마음 아파하고 있다. 그런 전설 가운데 하나는 민중의 영혼 안에 있는 원형적인 현현(épiphanie) 현상을 보여주는데, 그것은 특히 나중에 외부의 공격에 대항하여 싸우는 주술적 의례가 되었다는 사실을 흥미 있게 전한다.

"나는 이시스이다. 나는 나의 가슴에 호루스를 가져다 준 나의 남편의 과업을 맡게 되었다. 나는 오시리스의 아들 호루스를 낳았다. 내가 호루스를 보았을 때, 나는 기쁨의 탄성을 질렀고, 호루스는 자기 아버지가 비운 자리를 차지해야 한다. 나는 그를 찾지 못하도록 하였고, 감추어 주었다. 나는 그 아이를 지키느라고 세월을 보냈고, 그가 살아가도록 지켜주었다.

언젠가 내가 그를 안아주려고 왔을 때, 나는 그 가여운 고아가 눈물과 침으로 땅을 온통 적신 채, 그의 몸에는 아무 탄력도 없고, 두뇌는 비어 있으며, 혈관에는 피도 흐르지 않는 것을 발견하였다. 그래서 나는 비명을 질렀다: 나는 사람들이 그들의 가슴을 나에게 향하도록 무엇이라고 기원을 해야 하겠습니까?

나는 저 아래 땅에 있는 사람들에게 즉시 달려와서 나를 도와달라고 그들을 불렀다. 일하는 여자들은 그녀들의 집을 뛰쳐나와서, 나의 이 극심한 불행을 보고, 슬퍼하였다. 그러나 그녀들 가운데 그 어떤 여인도 말로 마술을 할 줄 몰랐다. 그녀들 가운데 어느 누구도 그 아이를 살릴 수 없었던 것이다. 그때 그 마을에 사는, 그 지역에서 고귀한 가문에 속한 저명한 여성이 나를 찾아왔다. 그녀의 입과 가슴에는 생명이 충만하였고, 그녀는 모든 것을 알고 있었다. 그녀는 이렇게 말하였다. '나의 아들 호루스여, 아무 걱정도 하지 말라. 그리고 그대, 신적인 아이의 어머니여 용기를 다시 찾으라. 그대는 그대의 오라비의 씨를 받았다. 그 나쁜 자는 여기까지 오지 못할 것이다. 신들의 아버지인 아툼의 마술이 그대에게 생명을 줄 것이다. 세트는 여기까지 오지 못할 것이다. 호루스는 그의 어머니를 위해서 살아날 것이다. 그는 전갈의 침에 찔린 것이 틀림없다. 그 더러운 동물이 그를 상하게 하였다.'

이시스는 그녀의 코를 아들의 입에 가져다 댔는데, 그 냄새는 마치 관에 누워 있는 죽은 자의 냄새 같았다. 그녀는 신의 상속자의 상처를 열어보았고, 거기에 독이 가득 한 것을 보았다. 그녀는 그를 그녀의 팔로 둘러싸고, 마치 그릴에 생선을 올려놓은 듯이 그를 조심스럽게 다루었다. 그러면서 그녀는 이렇게 소리쳤다. '오, 라(Ra)여, 호루스가 찔렸습니다. 당신의 아들이 찔렸습니다. 당신의 아들에게 상처가 났습니다. 나의 후계자의 후계자이며, 슈의 왕국의 지존(至尊)이 찔렸습니다. 그 사랑스럽고, 아름다운 아이, 그 가엽게 버림받은 고아가 찔렸습니다. 그 순수하고, 신들 가운데서 젊은 아들, 호루스가 찔렸습니다! 그의 아버지의 일을 계승할 때를 기다리면서 내가 그동안 거두었던 호루스가 찔렸습니다. 내가 돌보고, 지켰던 호루스가 찔린 것입니다!"

이시스의 자매인 네프티스가 울음으로 가득 한 채 도착했는데, 그녀의 비명은 온 나라에 울려 퍼졌다. '이시스의 아들 호루스에게 어떤 일이 생긴 것인가? 그러므로 라(Ra) 신의 배(태양)가 그의 아들 호루스를 뒤로 끌고 가지 않도록 라 신의 배 승무원들이 항해를 멈추라고 하늘에 기도를 드립시다.'

이시스는 하늘을 향해서 소리 높여, "수천 년이 된 배"에 간청하였다. 그녀가 그렇게 간절하게 호루스를 위해서 기도드리자 태양이 멈춰서, 더 이상 움직이지 않았다. 토트는 급하게 달려와서 이렇게 말하였다. '오, 이시스 여신이여, 당신이 정곡을 찌른 말이 얼마나 찬란합니까? 그의 안전은 라 신의 배에 달려 있는데, 당신의 아들 호루스에게 나쁜 일이 하나도 일어나지 않았습니다. 오늘 내가 태양의 원반에 다가가서, 태앙이 어제 있었던 그 자리에 놓고, 태양을 떠났습니다. 태양은 어두워질 테고, 호루스가 그의 어머니 이시스에게 건강하게 올 때까지 어두운 채로 있을 것입니다. 그리고 그것은 모든 세상에서도 마찬가지일 것입니다.'

거기에 대해서 이시스는 이렇게 말하였다. '오, 토트여, 당신은 여기에 마술로 무장한 채 왔군요.' "이시스여, 절대로 무서워하지 마십시오. 나는 아이를 그의 어머니에게 데려다 주려고 하늘에서 왔습니다. 호루스여, 나의 가슴이 강하게 되고, 그것은 독(毒)의 공격 앞에서도 굴복하지 않을 것이다. 호루스여, 깨어나라! 그대를 지키는 자는 강력하고, 그대의 어머니, 이시스의 마음을 기쁘한다. 호루스에게 하는 말들은 마음을 고양시키고, 불행한 사람들을 기쁘게 할 것이다. 하늘에 사는 이들이여, 기뻐하라. 호루스가 그의 아버지의 원수를 갚는다. 독을 없애라! 보아라, 너는 라 신의 입 때문에 쫓겨났고, 강력하신 신의 말로 쫓겨났다. 태양의 배는 멈춰졌고, 더 이상 앞으로 나아가지 않는다. 태양의 원반은 어제 있던 자리에 그대로 있다. 그것은 호루스가 건강하게 어머니에게 돌려보내질 때까지, 환자가 어머니의 사랑에 의해서 치료될 때까지 거기 머무를 것이다. 나는 나이가 제일 많은 토트, 라의 아들이다. 나는 호루스가 건강하게 어머니에게 돌려보내지고, 환자가 같은 방식으로 치료되도록 아툼과 아홉 신들의 모임에 의해서 보내졌다. 호루스여, 그대의 카[95]가 그대를 지켜준다! 이제 독은 사라졌다. 그의 공격은 쫓겨났다. 그대에게로 돌아가라! 호루스는 그의 어머니를 위해서 살고, 환자도 마찬가지로 그럴 것이다!"[96]

그래서 호루스는 생명을 파괴하는 세력인 그의 나쁜 삼촌 세트와 싸우고, 무찌를 수 있게 되었다. 말하자면 세트는 본래 미개간지, 적대적이고, 야생이며, 황폐화시키는 자연의 육화(肉化)인 것이다. 세트는 그런 존재이기 때문에 사람들이 죽은 이들은 그 영역에 산다고 믿었을 때, 그들의 신이었다. 그 다음에 그는 모든 어둠들을 육화시켜서, 태양 신 라의 대적자가 되었고, 곧 이어서 오시리스, 호루스의 대적자가 되었다.

그러나 어둠에 대한 빛의 승리는 결코 결정적인 것이 되지 못해서, 그 두 적대자 사이의 싸움은 언제나 다시 행해졌다. 그런데 "원수인 신들 사이의 심판관" 토트는 그들 사이의 중재자로 개입하였고, 그들이 완전히 멸절되는 것을 피하게 하였다. 한편 세트는 스스로를 확장시켜서, 도덕적 타락의 신으로 되었고, 결국에는 우주 안에서 악의 유일한 세력으로 되었다. 악마는 그들의 상형문자에 낙타(사막)의 머리와 두 갈래의 긴 꼬리를 연상시키는 이상한 동물로 상징적으로 만들어졌다.

선사시대에서부터 이집트 전역에서 거행되던 오시리스의 비의는 바빌로니아의 마르둑의 비의와 아주 비슷하다. 그 축제들은 비슷한 시기인 니산 월(3월-4월), 즉 신의 부활일—식물의 부활일에 펼쳐진다.

거기에서는 먼저 신이 그의 적수인-형제에 의해서 관에 갇히고, 나일 강에 던져지는 모욕이 행해진다. 여기에서도 가장 먼 옛날부터 사형 선고를 받은 사람이 모방극에서 그 신의 역할을 한다. 그 다음에는 죽고, 발가벗겨진 오시리스가 재판을 받기 위해서 영혼의 법정에 선다. 그리고 아누비스는 영혼-마음(Ba-Ib)의 무게를 단다. 파라오는 그 모욕과 심판에 복종하고, 마찬가지로 매년 그들이 오시리스에게 속해 있는 것을 새롭게 하는 입문자들도 똑같이 한다. 그러면 이제 이시스는 그의 자매 네프티스와 다른 신들의 도움을 받으면서 오시리스를 찾기 시작한다. 마르둑의 신비에서처럼 오시리스의 죽음—그의 지상의 대표자인 파라오의 죽음—은 사람들에게 눈물과 기쁨을 동시에 불러일으킨다. 그것은 우리들이 이미 살펴보았던 것과 같은 축제인데, 거기에서는 두 집단, 즉 오시리스-호루스의 편과 악마인 세트의 편 사이의 전례적인 싸움에서 몽둥이와 곤봉을 들고 서로 머리를 때리다가 참가자들 가운데서 많은 사람들이 죽음에까지 이르게 된다(헤로도토스의 보고). 전쟁이 끝나고, 승리를 쟁취한 오시리스는 그의 장막(帳幕)이었던 그의 배 안에 있는 사원에 개선의 찬양을 받으면서 모셔진다. '나는 그것을 배 안에 들어오게 하였다. 그것은 아주 장엄하다. 내가 그들에게 네케메트(Nechemet; 오시리스 제의 때 오시리스가 탄 배 이름인데, 신의 이름과 혼동되기도 한다)의 아름다움을 보여주니까, 동방에 사는 사람들(산 사람들)은 기뻐서 마음이 들떴고, 서방에 사는 사람들(죽은 사람들)은 열광하였다. 그 배는 가장 중요한 사원인 아비도스(Abyodos)에 도착하여, 서방 세계 거주민 가운데서 살아난 최초의 존재로서 아비도스의 주인인 오시리스를 그의 궁궐에 데려간다.'[97] 그것은 부활이고, 왕의 대관식이다. 그 장엄한 행렬이 궁궐-사원에서 펼쳐진 다음, "축하의 향연"이 행해진다. 그것은 거대한 애찬식으로 힐라리아(hilaria; 이시스-오시리스 종파의 오시리스의 부활을 축하하는 날—역자 주), 생명이 죽음을 이긴 것을 축하하는 감격적인 식사 자리이다. 그때 오시리스와 이시스의 신성혼(noce sacré), 피라미드를 구성하는 거대한 만달라(성스러운 장소)의 꼭대기에서 행해지는 지고의 입문의례가 행해진다. 왕은 그의 신성한 관을 받고, 모든 비의 전수자들은 "오시리스가 되고", "오시리스의 아들"이 되면서, 불멸을 얻는다. 그 입문의례의 정점에서 이루어지는일이다.

이 축제는 "장엄한 광경이 펼쳐지는 드라마"이고, 상당히 많은 준비가 필요하며, 그 실행 방식도 강력하게 이루어진다. 어떤 삽화(épisode)들—특히 신의 죽음과 부활—은 왕과 사원의 고위 승려들, 비의 전수자들만 참석한 가운데서 공개하지 않고 진행된다. 그러나 의례의 대부분은 어느 누구도 가리지 않고, 모든 사람들에게 공개된다. 본래 죽은 다음의 행복한 삶에 대한 보장은 파라오에게만 한정되었다가 그 다음에 입문자들에게까지 넓혀졌고, 결국에는 민중 전체에게로 조금씩 확장되었다.[98] 그 사실을 납득하려면 고대 이집트 사람들의 매장 의례를 살펴보면 알 수 있다. 그 의례는 오시리스 비의의 드라마를 완전히 똑같이 복사한 것이다. 그것이 『사자의 서』를 완전히 복사한 것이기 때문이다. 죽은 이는 오시리스와 그의 신화와 똑같이 취급된다. 그의 시신은 죽고, 세트에게 난자당했다가 다시 발견되고,

이시스와 네프티스에 의해서 애도되고, 미이라로 만들어졌다가, 호루스에 의해서 복수되고, 이시스에 의해서 다시 살아나고, 대관식을 하게 되는 것과 똑같이 취급되는 것이다.

악마인 세트는 생명의 신인 오시리스의 쌍둥이 동생이지만, 그는 그 이상이었다. 나는 그에 대해서 더 길게 말하고 싶다. 그는 신의 이중적인 어둠, 즉 그 자신의 내면에 있는 악마, 그림자였다. 그러므로 세트의 추종자들과 신들의 싸움, 오시리스-호루스와의 싸움, 왕과 사제와 그 지지자들의 싸움은 오시리스-호루스가 그 자신의 악마와 싸운 내적이고, 개인적이며, 인격적인 싸움이었다. 그것은 각 사람들이 그의 그림자와 싸워야 하는 전쟁이었던 것이다. 그것은 어쩌면 “천사”와의 싸움인지도 모른다. 그런 전투가 없으면, 인격의 어두운 부분, 즉 우주의 모든 악을 낳는 부분과의 통합이 불가능했을 것이고, 그에 따라서 고대 사회에서 행해졌던 모든 의학의 역사와 원(原)역사에서 말하는 원인론과 병원론(病源論)도 불가능했을 것이다. 우리는 신과 그의 누이-아내의 신성혼(hiérosgamos)에 관해서는 마르둑과 자르파니트는 물론 오시리스와 이시스의 신성혼과 함께 그것이 나타내는 성현(신성력을 가지고 있는 원형의 출현, 즉 인간의 의식에 거룩한 것이 드러나는 것)에 대해서 충분히 강조하였다. 그것은 우리에게 부성원형과 모성원형 너머에 있는 아니마 원형과 아니무스 원형—그림자 원형과 함께—을 보여 준다. 쉽게 말해서, 더 고대에 있었던 마르둑의 싸움이 모성 원형, 즉 “만물의 어머니”인 티아마트와의 싸움의 수준에 있었다면, 원수-형제 사이인 세트와 오시리스의 싸움은 본래적인 부모와의 갈등의 수준을 넘어서 실제로 있을 수 있는 나와 나 자신의 갈등을 보여주는 것이다. 거기에서 자아의 바깥에 있다고 생각되었던 상상계적-타자—속죄양의 역할 속에 있거나, 신적 매개자의 역할 속에 있거나—는 그런 촉매(觸媒)의 개입 덕분에 나 자신을 통합하는 부분으로 된다. 우리는 그것이 마술사와 의사-사제의 역할이며, 오늘날에는 정신분석가의 역할이라는 것을 살펴보았다.[99]

상징을 뛰어 넘어서, 상징계의 타자가 실제로 나의 인격을 구성하는 부분으로 될 때, 그 역할을 담당했던 사람(마술사나 정신분석가)은 다시 그 사람으로 된다. 다른 사람들과 다름이 없는 사람으로 되는 것이다. 그때 "전이"는 활동을 그치게 된다. 그래서 그는 신성력을 담았던 대상의 옷을 벗어버리고, 다른 사람들 가운데 있는 평범한 사람으로 돌아온다. 그는 아마 빛나는 사람인지 몰라도 더 이상 신성한 사람은 아니다. 그러므로 왕을 신격화하고, 비의 참가자들을 오시리스가 되게 하며, 결국 신적 헤르마프로디테로 이끌어가는 정신-영적 발달의 최고봉인 영웅의 결혼은 여성에게는 아니무스의 통합, 남성에게는 아니마의 통합을 통해서 융이 자기(Soi)라고 부른 인간의 전체성을 향한 그 발전의 정점에 있다. 비의에서의 신성혼의 결과 이루어지는 헤르마프로디테는 그 자체로서 발달을 향해서 나아가는 자기 원형을 나타낸다.[100] 융이 말한 대로 이제 "우리가 의식화해야만 존재하는 이 세계의 또 다른 반쪽"(영혼)을 의식적으로 통합하게 된 입문자들은 그 후 위대한 시대나 황금기 또는 신화적 시간이나 저승에서의 영원한 생명에 대한 확신을 가지게 된다. 왜냐하면 타락 이전의 혼돈을 통합하고, 재통합하여 코스모스와 창세기로 조직하거나 재조직하게 되기 때문이다.[101]

농경-달의 성현의 중요한 상징인 자기의 꼬리를 물고 있는 뱀—또는 용—인 우로보로스(ouroboros)는 그의 순환을 끝냈다. 마르둑과 오시리스는 신-인(homme-dieu), 즉 그의 원초적 통일성과 영원성—타락 이전의 형상, 본능적인 몸이 분쇄되고, 조각나기 전의 형상—에 다시 도달한 영혼의 상의 원초형(prototype)들이다. 이집트는 비의들의 정말 "좋은" 모태였다. 그 비의들 속에서 이집트는 영혼의 계시를 받았고, 영혼이 본래 신적 기원을 가지고 있음을 알게 되었으며 빛, 본성, 기능, 장래에 대해서도 알게 되었고, 신적 친교에 대해서도 계시를 받았다.

신적 친교는 기독교에서 말하는 아가페(agapé)의 전-형상이다. 신들의 친교에서 나오는 사랑은 신에 대한 인간의 사랑이 아니라 인간에 대한 신의 사랑의 전-현상인 것이다. 왜냐하면 종종 "자비"로 번역되는 아가페는 "내가 너희를 사랑한 것처럼 서로 사랑하라"는 말 속에 모두 담겨 있기 때문이다. 구속자-오시리스는 이미 구속자-그리스도인 것이다. "나는 부활이요, 생명이다"라는 말은 피라미드의 본문이 확인하듯이 그리스도보다 3,000년 전에 이미 울려 퍼진 것이다. 구원자-하느님에 대한 신도들의 의례적 동일시는 만들어진 것이 아니다. 그것은 그 시대의 집단적 자아로서 이미 마르둑과 함께 존재하였고, 오시리스와 함께 점차 개인적 자아로 존재하였다. 마르둑으로부터 그리스도에 이르기까지 연속성이 해체된 적은 한 번도 없다. 입문자가 오시리스 안에서 죽을 때 그는 오시리스가 이렇게 소리 지르게 한다: "나는 진리의 주인이다. 나는 진리 안에서 산다. ... 나는 빛이다." 그리스도도 오시리스를 따라서 "알곡-신"(식물)이었던 것은 의심할 나위가 없는 사실이다. 그 역시 춘분에 부활하였고, 동지에 태어났다. 기독교는 1세기 무렵 이집트의 곱트 지방[102]에서 번성하였고, 거기에서 여전히 숭배 받았던 오래 된 오시리스 종교와 어깨를 나란히 하였다. 모든 복음서 기자들—그리스도 자신도—은 그 사실을 아주 잘 알고 있었다.

그러나 그 분야에 종사하는 학자들 사이에서 벌어지는 논쟁은 별로 중요하지 않다. 본질적인 것은 인간의 영혼에서 모든 시대, 모든 장소에서 동일한 구조, 찢어지고, 버림받았으며, 혼란하고, 조각 난 인간의 조건 아래 사람들이 타고난 동일한 구조를 다시 찾고, 자르파니트와 이시스처럼 그의 통일성과 일관성 및 조화와 기쁨을 찾으려고 하는 것이 아닌가? ... 이 모든 비의(祕儀)들은 겉으로 보기에는 서로 반대되는 것처럼 보일지라도 우리가 보기에는 그 어느 시대, 그 어느 곳에서도 페넬로페(그리스 신화에 나오는 오딧세이의 아내. 그녀는 그녀의 남편인 오딧세이를 기다리면서 그녀에게 청혼하는 남성들을 그녀의 시아버지 라이르테스의 수의를 다 짤 때까지 기다려달라고 하면서 물리쳤다—역자 주)가 그녀의 끝이 없는 작업으로 삼아서 짰던 끊어진 데가 없는 천을 만들고 있다.

### 3. 의학과 신화의 적용

메소포타미아에서와 마찬가지로 이집트에서 의학은 종교적 지식의 한 갈래였으며, 사원이나 "치료소"에서 사제들에 의해서 교육되었고, 그곳을 주관하는 신은 "300여개의 이름"을 가진, 달의 신 토트[103]였다. 그러다가 제6왕조(기원전 2,850년 경) 마술사이며 꿈 해몽가였고, 왕의 건축가 겸 자문이었던 이모테프(Imhotep)[104]는 실제로 살았던 의사이기도 했는데, 의학에서 인간-신의 반열로 높여졌다. 이집트 의학에 관한 파피루스 가운데 가장 보관이 잘 되어 있는 파피루스 에베르스(Ebers) 본문은 그 가르침에 대해서 놀라우리만큼 증언하고 있다: "나는 그 사원들의 어른들(신들)과 함께 태양의 도시로부터 나왔는데, 그들은 우리를 보호하고 있는 영원한 주인들이었다. (...) 그들은 나를 지켜주고, 나는 어떤 신이나 여신 또는 죽은 남자나 죽은 여자 (...) 때문에 생긴 고통이 없어지도록 우주의 주인(태양신, 라)이 만든 처방전들을 가지고 있다. 그 통증들은 나의 머리, 척추, 어깨, 살 속, 팔다리에 있는 것들이다. 또한 그것은 그 중상(中傷)하는 자(악마인 Seth), 즉 나의 살 속을 교란시키고, 나의 팔다리에 병을 들여보내서 내 몸과 머리와 어깨와 팔다리가 아프게 한 자를 처벌하는 처방전이다. 나는 라에게 속해 있다. 라는 나에게 이렇게 말한다: '환자를 그 적대자로부터 지키는 것은 나다. 그 글귀를 말하게 하고, 처방전을 쓴 자는 그의 안내자인 토트이다. 그는 현자들과 그의 제자들인 마술사-의사들이 병을 순하게 하여 신이 원하는 대로 생명을 부지시킬 수 있는 재능을 준다."[105]

우리가 위에서 살펴본 예는 우리에게 독성이 있는 상처를 치료하기 위해서 호루스의 전설로부터 주술로 넘어가는 이행을 보여준다. 우리는 그 점에 있어서 이집트를 우리가 말했던 메소포타미아와 똑같이 생각할 수 있을 것이다. 주술, 주문, 퇴마 등이 주술의학의 중요한 부분을 차지하고 있는 것이다. 그러나 이집트에서는 의약이 더 큰 자리를 차지하였다. "주문(呪文)들이 약들에 뛰어난 효과를 보이게 하고, 약들은 그 주문에 뛰어난 효과를 보이게 한다"고 람세스 1세 치하에 있던 어떤 의사가 토로한 말이다. 그렇지 않으면 이런 말도 있다: "약이여, 나아가라. 내 가슴에 있고, 내 팔다리에 있는 것으로 다가가서, 쫓아내라! (...) 당신들은 호루스와 세트가 어떻게 해서 같이 헬리오폴리스에서 높이 들어 올려 지게 되었는지 기억하지 못하는가?"[106] 물론 그 약들이 정말 약리적-역동작용을 위해서 사용된 것은 거의 없을 것이다. 예를 들어서 말하자면, 탈모증 치료를 위한 약을 만드는 과정에 대해서 기록된 것을 보면 잘 알 수 있다. "오, 그대 광채여, 그대는 요동하지 않는구나! 아톤, 그대는 갈라진 틈과 싸우는구나. 머리 꼭대기를 차지하려고 온 것을 잘 방비해야 한다." 그것은 황토와 콜로신트

식물과 설화석고와 "눈" 같은 곡물과 꿀을 찬양하는 주술적인 처방전이다. 그것들을 가지고 고약을 만들려는 작업인 것이다. 레데(Leyde) 파피루스의 가장 중요한 부분은 우리가 수메르-아카디아에서 보았던 것과 같은 저 유명한 "두통"을 치료하려는 마술적 처방전이다. 에베르스 파피루스에도 20여 가지나 되는 안질(眼疾)에 대해서 기술한 "눈에 관한 장(章)"이 있는데, 거기에는 트라코마, 빌하르츠 주혈흡충병, 백내장 등은 물론 각각의 병들에 대한 마술적 치료 처방전이 들어있다. 같은 방식으로 그 파피루스에는 고대 이집트 사람들이 마치 살아있는 존재처럼 취급한 가벼운 감기에 대한 처방전도 있는데, 그 처방전에는 "감기야, 감기의 딸아"라고 부르고 있다. 전염병도 같은 방식으로 물리치려고 했고, 기관의 탈출증, 특히 자궁 탈출은 그밖에 다른 기계적인 처치법의 도움을 받으면서 치료하려고 하였다. 또한 피임과 불임은 물론 출산도 그에 따르는 의례를 행하면서 처치하였다.[107] 어떤 사람이 기절하면, 사람들은 그가 깨어나서 새로운 삶을 살게 하려고 죽은 자의 영혼이 그의 신체적 몸에서 떠나도록 오시리스에게 의탁하는 처방전을 읊었다.

요즘도 어느 지역에 가면 사람들을 홀리고, 겁에 질리게 하는 '나쁜' 눈을 물리치는 반(反)-마술의 처방전도 있다. "사람을 홀려서 마법에 빠지게 하는 나쁜 눈이 하늘 가까이 가면, 구름들은 비가 내리지 못하고, 그것이 땅 가까이 가면, 신선한 식물들은 싹을 틔우지 못하며, 마구간에 가면, 젖이 마르고, 소떼에게 가까이 가면, 새끼들을 낳지 못한다. 그리고 그것들이 남성들이 사는 곳에 가까이 가면 그들의 성욕은 감퇴된다. (...) 오시리스가 그것을 보았다. (...) 밀을 찧는 돌들 뒤에 있는 일곱 개의 밀가루 죽 그릇에 기름을 섞으라. 그리고 그 섞은 것을 환자의 입에 가져다 대라. 그대는 주문을 외우면서, 목을 환자 쪽으로

뻗으라. '죽은 자에게 생명을 가져다주는 여왕'이 저주로부터 그를 풀어주게 하라."

메소포타미아의 의사처럼 이집트의 의사도 모든 약을 준비하는 동안 마술적 처방을 읊는다. 그는 보리를 준비할 때는 특별한 처방전을 사용하고, 기름을 준비할 때는 또 다른 것을 사용하며, 꿀을 준비할 때도 마찬가지다. 환부에 습포를 올려놓을 때와 그것을 떼어낼 때도 다른 처방전이 필요하다.

우리는 그 약에 플라시보(약리적으로 작용할 그 어떤 것도 가지고 있지 않은 약)의 매개변수가 극대화돼서 사용된다고 말할 수 있을 것이다. 그 시대에는 그것 외에 아무것도 없었던 것이 사실이다. 그러나 오늘날 그 어떤 사람도 그것이 얼마만큼 효과적이었는지 정확하게 말할 수는 없을 것이다. 수술을 한 다음에 모르핀이나 모르핀 추출물 대신 플라시보를 사용한 사람들 가운데 40%나 45%에게 효과가 있었다. 오늘날 약전(藥典)의 80% 정도에도—항생제와 신경 이완제나 그것을 대체하는 치료와 또 다른 약들을 제외하고—또 다른 작용 원리가 없는 것이다. 그렇다면 환자로부터 "생명력"을 최대한 일깨울 수 있는 우주적이고 신화적인 맥락에 그것을 가지고 주술적 처방전에 기대어 처치했던 고대의 이 "플라시보"에 대해서 무슨 말을 할 수 있을 것인가? 더구나 우리가 위중한 병들이 사원에서 돌보아졌고, 대부분의 시간 동안 암시의 효과가 최대한 이용될 수 있는 최면술적 트랜스 상태에서 시행되었다는 사실을 감안할 때, 유기체에 있는 자기-방어 체계를 생각하지 않을 수 없다. 오늘날 우리는 그것에 대해서 어떤 것을 배울 수 있을까? 우리들도 이집트의 의사들보다 더 나을 것—못할 것도—이 하나도 없는 것이다.

그러나 의사가 병을 치료하는 능력을 최대한 사용할 수 있다면, 그는 또한 그것을 병을 만드는 데도 사용할 수 있을 것이다. 람세스 3세의 목숨을 해하려고 음모를 꾸몄던 사람들에 대한 상세한 재판 기록을 통해서 우리는 그 일당 가운데 하나였던 의사-사제가 "이제는 더 이상 말을 듣지 않게 된" 사람들을 병들게 하고, "그들의 팔다리를 마비시킬 줄" 알았다는 사실을 알고 있다. 런던과 레이데의 악마적 마법서에는 사람들의 눈을 멀게 하거나, 미치게 하는 방법이 기록되어 있기도 하다. 또한 자기와 닮은 사람을 죽이려고 행한 마술적 의례가 중왕국 시대에 속한 관들의 묘비명에서 보이기도 한다.[108] 어느 시대, 어느 지역에서나 흑마술사는 많이 있었던 것이다.[109]

그러므로 여태까지 살펴본 바에 의하면, 메소포타미아와 이집트의 주술의학 사이에는 이집트의 주술의학이 그 모든 본문들을 보았을 때, 완전히 종교적이었던 측면으로부터 멀어지면서 사람들이 과학이라고 부를 수 있는 것에 점점 가까워진 마술이라는 인상에서 벗어난다면 정말 중요한 차이는 거의 없다고 할 수 있다. 그래서 사람들은 의학사의 최초의 기준을 "심장이 말하는" 진맥(診脈)에서 찾는다. "우리가 손가락을 머리, 목덜미, 손, 두 팔, 두 다리에 대면 심장과 연결된 관이 팔다리 모두에 있기 때문에 어디서나 심장과 만날 수 있다"고 심장의 기능에 대해서 언급한 에베르스 파피루스는 말한다. 그런데 거기에서 말하는 기능은 물론 오늘날 우리가 알고 있는 것에 비해서 대단한 것은 아니지만, 그럼에도 불구하고 그 당시 이집트 의사들에게는 어떤 치유적 효과를 줄 수 있는 "생리학적 상징"을 줄 수는 있었을 것이다.

우리가 이미 살펴보았던 것처럼, 아시리아-바빌로니아 의학에는 두 가지 특별한 영역이 있으며, 그것은 이집트 의학에서 더 두드러지게 보인다. 그 두 가지는 품음(incubation)과 이름의 교리(doctrine des noms)인데, 여기서는 특별히 고유 명사를 말한다. 오늘날에도 라캉은 언어와 말, 문자, 아버지의 이름 등의 중요성에 대해서 강조하고 있다. 그러나 그것은 우리가 그 언어를 고대 문명에서 나온 맥락을 특별히 참조하지 않으면 깊이 이해되지 않는다. 그러므로 우리는 먼저 언어의 신화에 대해서 살펴보려고 한다.

우리는 앞에서 메소포타미아 사람들에게 말씀의 중요성과 특히 창조주가 사물들과 존재들을 창조하기 위해서 그것들의 이름을 부르면서 진흙과 토기 제조인의 탑을 지나간 것에 대해서 지적하였다. 마찬가지로 고대 이집트 사람들의 정신에서 사물과 존재의 이름을 부르는 것은 그것들을 창조하는 것이고, 이름을 아직 가지고 있지 않은 것은 순전히, 단순하게 존재하지 않는 것이다. 그래서 그 당시의 의사들은 마술적 처방전에 굉장한 중요성을 부여하였고, 그들이 부르는 영들과 신들과 악마들의 이름을 아는 것을 중요하게 생각하였다. 또한 그들이 좋은 방향에서나 나쁜 방향에서 마술을 거는 대상이 되는 사람의 이름을 아는 것도 중요하였다. 그들은 그들이 어떤 신이나 사람의 이름을 부를 때 그들을 위해서 무엇인가 좋은 것을 할 수 있다고 믿었다. 그러나 그와 달리 그들이 이름을 알지 못하는 존재에게는 그들의 의지를 행사할 수 없다고 생각하였다. 여기에서 사람들이 신을 통상적으로 부르는 이름들은 사람들을 속이려고 만든 가짜 이름이라는 생각이 생겨났다. 그것은 신들이 그들의 욕망의 대상이 되지 않도록 하려는 것이었다.

투린(Turin)에서 발견된 제의에서 사용되는 파피루스는 이시스가 어떻게 태양-신 레를 굴복시킬 수 있었는지에 대해서 말해준다. 레는 그의 아버지와 어머니의 진짜 이름을 알았지만, 어느 누구도 그것을 알아서 그를 굴복시키지 못하게 하도록 가슴속에만 비밀리에 품었다.

그래서 이시스는 진흙에 레의 침을 섞어서 뱀[110]을 만들어 레가 다니는 길에 놓았는데, 그것이 레를 물었다. 레는 그 아픔 때문에 고통스러워 하다가 이시스를 불러서 그를 구해달라고 하였다. 이시스는 그가 그의 이름을 가르쳐준다면 그를 고쳐주겠다고 하였다. 그러자 레는 여러 가지 다른 이름들을 대는데, 진짜 이름은 아직 나오지 않았고, 그에 따라서 독은 그를 끔찍이 고통스럽게 하였다. 그러다가 마지막에 가서 레는 할 수 없이 그의 진짜 이름을 말하였고, 이시스는 곧 마술적 처방전으로 독을 제거해주었다. 우리가 파피루스의 처방전에서 수많은 영들과 신들의 이름이나 같은 사람의 다른 이름들을 볼 수 있는 것은 그 때문이다. 그래서 의사는 여러 처방을 쓰다보면, 그 가운데서 정말 효과 있는 것이 나올 수 있다고 확실히 믿는다.

모든 사람들에게 사용되는 마술적인 처방전이 기록된 주술서 속에서 우리는 마술사가 그 사람을 위해서나 (아니면 저주하려고) 마술을 부리는 사람의 이름을 부르거나 아니면 글로 써야 하는 장소가 특별히 있는 것을 볼 수 있다. 예를 들어서 말하자면, 우리는 그곳을 "N의 아들 N"이나 "N의 딸 N"이라고 기록된 것을 볼 수 있는 것이다(그 이름들은 거의 어머니의 이름인데, 그 이유는 그 처방전이 발행된 것이 부계의 친자관계 제도가 성립되기 전이기 때문이다. "아버지의 이름"이 중요하게 된 것은 그 다음이다). 그러므로 이집트에서 아이가 새로 태어났을 때, 이름을 짓는 것은 대단히 어려운 작업이었다. 왕가에서 왕자들의 탄생에 대해서 말하는 전설은 우리에게 그들의 이름은 그들을 임신했을 때나 태어날 때 신들이 말해준 것을 따라서 짓는다고 알려준다.

그런데 대부분의 이집트 사람의 이름들은 신학적 종류의 특성을 가진 문장-이름이다: "오라비를 좋아하는 여왕", "성소에서 선포하는 칙령은 영원한 나의 임금님" 등인 것이다. 그러나 그 이름들은 점점 그것들이 처음 만들어졌던 종교적 상황에 맞지 않게 되자 축약되거나, 알 수 없는 것으로 되어버렸다. 그래서 어떤 마술사는 오시리스가 그의 기도를 들어주지 않자, 그에게 부시리스(Busiris) 마을 한복판에 가서 그의 진짜 이름을 외치라고 위협하기까지 하였다. 또한 어떤 의사는 주술적 처방전에 신들에게 그들이 그가 바라는 것을 들어주지 않으면, 그 힘이 무시무시한 그들의 진짜 이름을 폭로할 것이라고 통고하기도 하였다. 악어(이제는 나일 강에 악어가 없지만)가 어떤 마술사의 진짜 이름을 안 다음에 그를 공격하면, 그 이름은 그의 힘으로 "땅을 물속에 던지게 하고, 북쪽이 남쪽으로 되면서 땅이 다시 물에서 나오게 할 것이다." 그렇게 신들이나 사람들에게서 그의 진짜 이름을 감추는 것은 아주 중요한 일로 되었다. 그의 진짜 이름은 그 자신이나 부모들만 알고 있어야 하는 것이다. 한 사람이 그의 진짜 이름을 사용하는 법은 없는 것이다. 프톨레미 시대의 프타(Ptah)의 대사제와 그의 부인의 석비(石碑)에는 갓난아기에 대해서 이렇게 말하고 있다: "우리는 이 아이에게 임호테프라는 이름을 주었지만, 페투바스트라고 부른다."[111] 비밀스러운 이름을 알지 못하도록 어떤 "물체" 속에 넣어서 알지 못하는 곳에 감추었다. 그 전의 문명 세계에서 이름을 도난당하거나 잃어버리는 것은 그의 영혼을 도난당하거나 잃어버리는 것과 비슷한 일이었다.

이것이 사유인(*homo sapiens*) 안에 있는 말씀이 거룩하게 드러나는 힘이고, 개인적 인격이 가진 힘이다. 말씀과 개인적 인격에는 우리가 "신성한 것"에서 보았던 모든 특성들이 들어있는 것이다.

품음(incubation)은 수메르-아카디아에서도 시행되었으며 우리에게 샤만의 트랜스를 뒤돌아보게 한다. 그러나 그것이 샤만의 트랜스와 다른 점은 여기에서는 그것이 환자가 사원에 길게 누운 채 최면 상태에서 어느 정도 트랜스 상태에 빠진 치료자-사제와 함께 이루어지는 것이라는 점에 있다. 그때 "여행"이 이루어지고, 환자는 신들이나 악마들이나 영들과 대화하고, 그들에게 치료 방법이 지시된다. 그 대화에서 신들이나 악마들의 역할을 하는 것은 흔히 사제인 것이 틀림없다. 그런데 우리는 여기에서 다시 샤마니즘에서 상황이 갑자기 달라지는 것과 달리 환자가 참여하는 것이 매우 중요하게 이루어지는 것을 볼 수 있다. 그것은 현대의 정신분석적 치료에서 치료적 품음이 행해지는 것과 더 비슷하다. 이것은 인간의 정신적 발달에서 개인의 인격이 더 발달하는데 꼭 필요한 과정이다. 샤마니즘에서의 치료는 아직 충분히 발달하지 못한 개인적 자아가 무엇보다도 "부족적 자아" 이고, 그에 따라서 그 씨족—또는 부족—이 정신의 발달에 같이 참여해야 한다는 점에 있어서 집단적 품음이라고 할 수 있다. 한 개인이 치료 받지만 그 치료에 가족이나 친척들을 통해서 참여하게 되는 씨족이나 부족은 치료자-마술사로 나타나는 상징계적 타자와 만나게 된다. 그러므로 부족의 집단 한 가운데 있는 개인을 치료하는 것은 그 씨족 전체를 치료하는—정화시키는—것이 된다. 개인적인 자아는 부족적 자아 안에서만 규정되기 때문이다. 그래서 마술사가 한 개인을 죽이려고 할 때, 그는 그 사람을 씨족에서 내보낸다. 그러면 그는 어머니[112]에게 애정적으로 버림받은 젖먹이처럼 곧 무기력해지며, 죽고 만다. 그렇지 않은 경우, 개인적 자아가 더 중요한 자리를 차지하고 있던 동양의 도시 사회도 있었다.

여기에서 거룩한 것을 중심적으로 표현하는 만달라는 부족-마을 전체를 담고 있지 않다. 다른 모든 것들 가운데서 제일 중요한 거처는 그 벽들 안에서 거룩한 것—그 시대에 진정한 "원자핵 같은 중심"—을 집결시키는데, 그것들은 사원이고, 지구라트이며, 피라미드이고, 대우주를 축소시켜 놓은 것이다. 만달라는 그 자체가 하나의 소우주인 것이다. 지구라트의 꼭대기, 피라미드의 꼭대기에서는 우리가 앞에서 살펴보았듯이, 왕들과 입문자들을 신격화하는 신성혼이 이루어진다.[113]

비록 어떤 역사가들은 피라미드에서 신성혼이 이루어지지 않았다고 주장하지만, 우리는 여기에서 잠시 그 문제에 대해서 살펴보는 것이 좋을 것이다. 모든 피라미드 가운데서 제일 인상적이고, 이 세상에 있는 기념물 가운데서 가장 장엄한 기념물인 기제(Gizeh)에 있는 거대한 피라미드 체옵(Chéop)은 고대 세계에서부터 세계의 7대 불가사의 가운데 하나로 알려졌는데, 네 면이 각각 대략 230 미터라서 표면적이 대략 53,000 제곱미터가 된다. 그리고 높이는 대략 148 미터인데, 그것은 오랫동안의 침식의 결과이고, 처음에는 더 컸을 것이다. 매우 좁은 입구의 복도(대략 1m×1m)를 100 미터 정도 구부리고 가면 커다란 바위 하나를 깎아서 만든 지하의 방에 도달한다. 거기에서 다른 복도를 따라 올라가면 커다란 진열실로 갈 수 있는데, 방문객들은 어렵게 걸음을 한 다음에 그 무엇과도 비교할 수 없는 놀라움에 사로잡히게 된다. 거기에는 "매우 높이 올라가면서 어둠에 잠기게 하는" 기울어진 장엄한 천장이 있는 것이다(Hohlenberg). 그의 앞에는 "암흑 속으로 사라지기 전에" 피라미드의 위로 열린 부분을 따라서 천정에서 모이는 기둥들로 둘러싸인 낮고 어두운 회랑이 있다. 오른쪽에는 회랑(回廊)으로 터진 우물의 입구와 지하의 방으로 이끄는 작은 통로의 입구가 있다. 우리 앞에 있는 회랑은 왕비의 방으로 이끈다. 왼쪽에는 다섯 개의 튀어나오게 만든 집을 담은 벽감(壁龕)이 있는데, 그것은 커다란 진열실의 벽과 같은 모양으로 되어 있다. 그 진열실의 아주 높은 곳에서 왕의 방으로 가는 복도가 시작된다.

피라미드들의 규모가 그렇게 많이 다른 것은 사람들에게 무한한 생각을 하게 한다. 예를 들어서 말하자면, 바닥의 네 변의 둘레를 높이의 두 배로 나누면, 우리는 3.1416.. 인 원주율 파이를 얻는다. 또한 사람들은 피라미드에서 "숫자"와 "황금분할"을 발견하기도 한다. 스미드(Piazzi Smyth)는 25 뿌스(pouce; 옛날 길이의 단위로 약 2.7cm이다—역자 주)가 1 "피라미드 온"(aune; 옛날 길이의 단위로 1,188m 정도가 된다—역자 주)에 해당한다는 것을 알아내면서 피라미드의 건축자들이 사용했던 측량의 사다리를 다시 발견하였다. 그렇게 될 때 피라미드의 한 쪽은 365,242 온(aune)이 되는데, 그것은 지구가 태양을 한 바퀴 도는데 걸리는 날짜이다. 또한 우리가 피라미드의 높이에 10의 9승을 하면 148,200,000km가 되는데, 그것은 지구와 태양 사이의 거리이다. 전문가들은 피라미드에서 지구의 정확한 원주(圓周)의 길이와 무게 및 춘분과 추분의 압력 및 오늘날 대부분의 천문학적 지식까지 알아냈다.

물론 정통적인 이집트 학자들—합리주의자들—이 완전히 일치하는 것은 아니다. 그들은 사람들이 에펠탑을 가지고 그렇게 산술의 체조(體操)를 똑같이 행할지라도 같은 결과를 얻을 수 있을 것이라고 생각한다. 그것은 우리가 위에서 정의한 소우주가 대우주의 거의 정확한 반영—감히 "완전히 같다"고 할 수는 없을지라도—이라는 이유 때문에 아마 옳은 말일 것이다. 우리가 융과 같이 원형을 정의한 것은 우주를 배제시키지 않고, 그 안에 담겨 있는 정신-생물학적인 매개체이다(방향성으로도 그렇고, 의미론적으로도 그렇다). 부성 원형적인 벡터는 그 영향이 이미 신인동형동성론적인 것 없이도 태양 속에 있으며, 같은 방식으로 모성 원형적인 벡터는 땅에 있다. 우리가 살펴보았던 모든 비의의 발달은 거기에서 우리에게 그 사실들을 명료하게 보여준다. 태양-아버지로서의 신과 라캉이 말한 "아버지의 이름" 사이에는 엔릴, 라, 야훼, 제우스, 쥬피터 등으로 이어지는 상징화를 거치면서 연속성의 해체가 전혀 존재하지 않는다. 우리는 이 중요한 장(章)을 더 길게 말할 시간—지면(紙面)도 마찬가지다—이 없어서 유감인데, 우주를 너무 "신인동형동성론적으로 보지" 않으려고 하는 것은 우리가 혼돈을 향해서 달려가는 것이라는 사실은 반드시 강조해야 한다. 그것은 과거의 황금기를 혼돈으로 반느는 것이 아니라, 우주를 고도로 집중된 기계로 만들면서 원자를 종말론적으로 분사시켜서 혼란에 빠트리게 하는 것으로 될 것이다.

이집트 학자들이 피라미드에 엄격하게 장례적—입문의례적이 아니라—특성이 있다는 사실을 매우 분명히 확립한 것은 사실이다. 피라미드가 죽은 자의 방과 (라에게) 헌물을 바치는 방을 가진 "마스타바"라고 불렸던 원시시대의 무덤에서 유래된 것이기 때문이다. 그 무덤에는 입구에 비문이 새겨져 있고, 죽은 이의 상이 서있는 세 번째 작은 방이 있었다. 그 다음에 나온 것이 "층계가 있는 마스타바"인데, 피라미드는 그런 유형의 기념물로부터 나왔다. 피라미드 가운데서 제일 처음 건립된 것은 제4왕조의 왕이었던 스노프루(Snofrou)에 의해 서였다. 기제에 있는 거대한 피라미드들은 그것의 복제품일 뿐이고, 그 가운데서 가장 큰 체옵도 같은 방식으로 만들어졌다. 또한 그 기념물의 건축이 우주의 모든 비밀을 입문의례를 통해서 알게 된—오늘날 우리가 알고 있는 것과 같은 의미에서—건축가들이 이미 만들어놓은 계획안을 가지고 만들어졌다고 믿는 것은 오류임이 분명하다. 그 이유는 건축은 계속적인 단계들로 이루어졌고, 최초의 계획안들이 여러차례 변경되었다는 사실이 역사적으로 입증되었기 때문이다.

역사가들의 주장이 합리적인 것은 사실이다. 그러나 피라미드를 입문의례의 사원이라고 한 몽상가들 역시 옳다고 해야 한다. 우리는 입문의례의 핵심은 신과 왕과 입문자들의 죽음-부활이라는 사실을 밝히지 않았던가? 그렇다면 오시리스의 죽음보다 더 위대한 입문의례는 어디에 있다는 말인가? 그렇다면 왕의 무덤인 피라미드가 동시에 무엇보다도 중대하고, 최고의 입문의례를 행하는 사원이지 않았을까? 그 계획안들이 건축 과정에서 여러 차례 변화된 것은 틀림없는 사실이다. ... 그렇다면 그 다음에는 어떻게 되었을까? 단 한 번에 꿀벌통을 찾을 수 있는 것은 꿀벌밖에 없다. 그 자체가 우주의 수학적 소우주인 꿀벌은 본능적으로 꿀벌 통을 찾아가는 것이다. 그러나 인간에게서 본능은 원형적인 것이라고 하지 않았는가? 다시 말해서 인간에게서 본능은 다른 동물들과 달리 비교적 자유로운 정신-생물학적 벡터인 것이다. 그러므로 우리가 예로 든 것을 다시 취한다면, 꿀벌에게는 "그의 계획안들을" 변경할 수 있는 자유가 없고, 맹목적으로 그들의 본능에 복종한다고 해야 한다. 하지만 인간은 감사하게도 본능들에 대해서 어느 정도 범위에서는 자유를 가지고 있으며, 우리가 자유라고 부르는 것은 절대적이며 인과론적인 결정론으로부터 자유로운 이 본능이다. 이 자유는 우리 의식에 다른 원형적이며 우주적인 원리가 출현한 것인데, 그것은 비결정론적이고, 개연성적이며, 불확실하고, 비인과론적이며, 이극성적(異極性的)인 원리이다.

나는 이집트의 건축가들이 꿀벌들 못지않게 수학적인 "작은 우주"를 만들려는 의식—오늘날 우리들의 합리적 의식이라는 의미에서—을 가지고 있지 않았다는 역사가들의 견해에 동의한다. 그들은 무엇보다도 먼저 그들의 "마음 깊은 곳에 있는 감정", 그들의 "마음"[114]을 가지고 건축에 임했다. 다시 말해서 우주의 논리를 배

척하지 않고, 오히려 그것을 감안해야 한다고 주장한 메를로-뽕띠(Merleau-Ponty)[115]의 견해를 따르자면, 그들은 "반성-이전의" 의식, "주제-이전의" 의식을 가지고 건축했던 것이다. 종교적 인간(*homo religiosus*)의 비합리주의는 합리성이 결여되었거나 합리주의에 반대하는 것이 아니다. 오히려 전통적 합리성을 그 안에 한 분야로 담고 있는 초합리(sur-rationnel)인 것이다. 이 합리성을 특별히 신성한 "물질"처럼 받아들이는 현대의 과대망상가들만이 합리성이 우주의 주인이라고—주인이 될 것이라고—하면서 합리성을 너 강화시킬 것이다. 다시 한 번 말하지만, 우리가 혼돈 상태로 돌아가는 것은 바로 그 길이다.[116] 그러나 인류는 다른 것을 이미 올바르게 보았다. 인류는 자연의 수많은 장애물들을 모두 극복한 것이다. 그래서 나는 인류가 현대의 조물주(démiurge) 속에 건립된 과도한 합리주의의 장애물도 극복할 것이라는 사실을 의심하지 않는다.

게다가 우리는 여기에서 볼 때 우리가 처음 쓰려고 생각했던 것보다 아주 멀리 떠나온 것이 분명하다. ... 처음 우리가 바빌론과 이집트의 성소(聖所)에 대해서 살펴보려고 했던 것은 사원에서 꿈을 꾸었던 의사와 환자처럼 위대한 시대의 차원을 "여행하려고" 했던 것이 아니다. 그 안에서 사물들과 존재들의 변환, 특히 가장 귀중한 지상에서의 생명이 변환되고, 병으로부터 건강으로 변환되는 것이 아직도 가능한 차원에 대해서 살펴보려고 했던 것은 아니라는 말이다.

# 제4장
# 고대 그리스의 입문의례

## 1. 서문

아테네에서 수 킬로미터 떨어진 곳에 있는 마술사 지역의 비옥한 평야에 있는 동굴은 북쪽으로는 시테론으로 길게 이어진 산봉우리들로 경계를 이루고, 동쪽으로는 오래 된 파르네스와 이어지는 언덕으로 나누어지며, 서쪽으로는 메가리안 산맥, 남쪽으로는 살라민 섬의 자갈밭을 둘러싸고 반짝거리는 만(灣)의 파도 물결들에 의해서 경계지어지는데, 이곳이 사천 년 동안이나 그밖에 또 다른 많은 거룩한 것들을 드러낸 것을 멀리 하고서도 여러 가지 비의를 거행한 곳이다. 그곳이 바로 엘레우시스(Eleusis)인 것이다. 엘레우시스적인 성현의 뿌리는 선사시대로까지 아주 멀리 거슬러 올라간다. 아테나가 번성하였을 때, 그것은 그리스 전역에까지 퍼졌고, 로마 치하에서도 그 신비가들은 제국의 모든 지역을 누비고 다녔다. 기독교가 성공적으로 전파되었을 때도, 엘레우시스는 고대 이방 세계의 저항의 상징이었고, 서기 364년 기독교 황제 발렌티누스 1세가 밤에 봉헌하는 모든 예배 의식을 금지한다는 칙령을 포고하였을 때, 엘레우시스 지사는 "그 법령은 모든 인간관계가 얽혀 있는 그 매우 거룩한 비의를 거행하지 못하게 해서, 그리스인들의 삶 자체를 불가능하게" 하기 때문에 그 지역에서는 특별히 예외 조치를 취해달라고 요청하였다.[117] 엘레우시스 제전들이 공개적이고, 공식적으로 폐지된 것은 395년 비시고트(Wisigoth)

의 알라릭(Alaric) 왕이 쳐들어왔을 때였다. 그 후에도 그 제전들은 간헐적으로 이어지다가 408년에서 450년 사이 테오도시우스 2세 치하에서 완전히 폐지되었다.

우리는 이 책의 제1장에서 처음에는 그녀의 연인이며-아들인 아티스, 그 다음에는 모든 신도들이 무조건적으로 피로 범벅이 된 연회를 벌이게 하면서 글자 그대로 거세와 변장(變裝)을 하게 하고, 헬레니즘 시대에 키벨레(Cybèle)로 변한 헬레니즘 이전 시대의 위대한-어머니-여신에 대해서 살펴보았다. 그런데 그 의례는 모성 콤플렉스를 통합하는데 필요한 아니마 통합의 필요성을 강조하면서 금지된 근친상간 관계를 끝내게 하고, 신화적인 양성구유 상태로 돌아가게 하려는 것이었다. 피로 범벅이 된 이 의례를 만든—또는 이 의례의 유래가 되는—신화 가운데 하나를 머리에 떠올리는 것도 불필요하지는 않을 것이다. 제우스는 위대한-어머니-여신에게 접근하려고 하였지만 실패하였고, 결국 땅바닥에 그의 정액을 흩뿌릴 수밖에 없었다. 그러자 땅은 무시무시하고, 야만적인 양성구유자인 아그디티스(Agditis)를 낳았는데, 그는 그의 시대에 그의 주위에 있는 것들을 닥치는 대로 파괴하였다. 그래서 신들은 이 괴물이 하는 것을 그치게 하려면 어떻게 해야 좋을지 논의하려고 회의를 하였고, 그 싸움을 디오니소스-바쿠스(Dionysos-Bakkhos)에게 맡겼다. 디오니소스-바쿠스는 그것을 위해서 아그디티스가 목을 축이러 가는 샘물에 그가 가진 포도주 가운데서 제일 독한 것을 부었는데, 아그디티스는 그 물을 마시고 갈증을 달랜 다음 아주 깊은 잠에 빠져들었다. 그러자 디오니소스-바쿠스는 괴물의 남성 성기를 단단한 밧줄로 나무에 꽁꽁 동여맸다. 아그디티스가 술에서 깨어 한 숨에 벌떡 일어났을 때, 그는 거세되었다. 그리고 몸에서 떨어져나간 성기는 땅을 피로 흥건히 적셨고, 땅은 다시 비옥해졌으며, 거기에서 편도나무가 나왔다. 강의 신 상가리우스(Sangarius)의 딸 나나(Nana)는 그 나무의 잘 익은 열매를 따서 가슴에 품었는데, 임신하게 되었다. 그러자 그녀의 아버지는 그녀가 부끄러운 짓을 한 것으로 알고, 그녀를 굶어 죽이려고 감옥에 가두었다. 신들은 그녀가 불쌍해서 그녀를 도우려고 와서 그녀가 아들을 낳게 하였다. 그러자 상가리우스는 화가 나서 아기를 강에 던져버렸다. 그러나 잔잔하게 흐르던 물은 그 아기를 갈대숲으로 데려갔고, 거기에 있던 염소는 아기에게 젖을 먹이면서 길렀다.

아티스(Attis)라고 불렸던 아기는 자라서 아주 아름다운 청년이 되었다. 그의 아버지 아그디티스는 편도나무를 통해서 아티스에게 찾아와서 아티스를 숲과 삼림으로 미친 듯이 끌고 다녔다. 아티스가 어른이 되자 페시몬테(Pessimonte)의 왕은 그를 그의 딸과 결혼시키려고 하였다. 사람들이 모여서 그들의 결혼을 축하할 때, 질투가 난 아그디티스가 나타나서 거기에 초대 받은 사람들을 모두 미치게 하였다. 아티스 역시 그 주연(酒宴)에 참석했다가 망상에 사로잡혀서, 죽으려고 그곳을 빠져나왔다가 결국 소나무 아래 이르러서 죽었다. 그러자 아그디티스는 후회하면서 제우스에게 아티스를 살려달라고 애원하였다. 그러나 올림푸스의 주인은 그의 부탁을 부분적으로만 들어줄 수밖에 없었다. 그래서 그 젊은 신의 몸은 해체되었던 상태에서 벗어나서 그의 아름다움을 영원히 간직할 수 있게 되었다. 아그디티스는 그것만으로 만족하고, 그의 몸을 페시몬테에 매장하고, 거기에 그를 위해서 예배드릴 수 있는 성소(聖所)를 만들었다.

우리는 제1장에서 태모가 사자들이 끄는 수레를 타고 트랜스 상태에 빠진 키벨레의 사제들과 바쿠스의 무녀들의 호위를 받으면서 그녀의 연인이면서-아들인 아티스를 찾아 나선 것에 대해서 살펴보았다.

신화는 꿈처럼 태모 없이 제우스에 의해서만 비옥하게 된 땅으로부터 거세되고, 변장한 키벨레의 열심당원들에 이르기까지 우리를 모든 여성적 성현들에 참여하게 한다. 그 가운데서 거세된 아그디티스, 강의 신의 딸 나나와 페시몬테의 왕과 결혼식에 참석했던 사람들과 숲속의 잠자는 공주 같은 성소에 안치된 아티스의 모습들도 같이 보았다. 우리는 이 신화의 해석을 뒤로 미룰 수는 없다. 그런데 우리는 여기에서 그 신화를 떠올리면서 엘레우시스의 모성-여신인 데메테르(Déméter)를 소개하지 않을 수 없다.

## 2. 데메테르의 거룩한 전설

이 전설은 기원 전 7세기 호메로스의 시에 의해서 알려졌다.

하늘의 왕 제우스와 그의 아내 데메테르 여신 사이에는 사랑스러운 딸, 코레(Koré)가 있었다. 어느 날 코레는 그녀의 친구들인 오케아노스의 딸들과 함께 시실리에 있는 에나의 니세앙 들판에서 모든 종류의 아름다운 꽃들을 따면서 놀고 있었는데, 거기에서는 굉장히 아름다운 수선화의 향기가 온 들판에 진동하고 있었다. 코레가 꽃을 따려고 몸을 수그렸을 때, 땅이 갈라지면서 지하세계의 신 하데스가 그의 황금마차를 타고 갑자기 나타났다. 그는 그 아름다운 처녀를 붙잡고, 그녀를 그의 지하 왕국으로 데려갔다. 태양의 신 헬리오스와 달의 여신 헤카테는 그 아이의 납치에 대해서 증언하였다.

코레는 슬픔 속에서 그의 아버지 제우스에게 간원을 하였지만, 제우스는 사람들의 헌물을 너무 많이 받느라고 그녀의 딸이 하는 탄식을 듣지 못하였다. 그녀의 어머니, 데메테르는 환하게 활활 타오르는 횃불로 밝혀져서 빛나는 너울을 벗고, 9일 동안 땅들과 바다들 위를 날아갔다. 마침내 헤카테는 데메테르를 불쌍하게 생각하여 그녀를 태양의 신 헬리오스에게 올려 보냈고, 헬리오스는 그녀에게 하데스가 이미 그녀의 딸 코레와 결혼하였다고 말하였다. 그래서 비탄에 잠긴 여신은 늙은 여인의 형상이 되어 상복을 입고, 왕의 궁성에서 가까운 곳에 있는 엘레우시스의 꽃이 활짝 핀 샘물 근처의 올리브 나무 아래 앉았다. 체레오스의 딸들이 샘에 물을 길으러 오자, 늙은 여인은 그녀들에게 그녀들의 아버지의 성에 가는 길을 물어보았다.

데메테르는 그 성에서 메따니르(Métanire) 왕비에게 환대를 받았다. 처음에 그녀는 그의 아들인 어린 데모폰(Démophon)을 안고 있었는데, 그 나이든 여인으로부터 나오는 매력에 깜짝 놀랐다. 그러나 곧 정신을 차리고, 데메테르를 안내하여 편하게 지내게 하였다. 그녀는 데메테르에게 포도주 한 잔을 권했는데, 그녀는 거절하고, 그 대신 물과 보리와 양귀비를 섞은 것을 달라고 하였다. 왕비는 그녀의 말대로 그것을 만들어 주면서, 그녀에게 자기 아들을 돌봐 달라고 하였다. 그 여신은 그 아이에 대한 어머니의 사랑에 감탄하여, 그 아이가 죽지 않게 하려고 하였다. 그렇게 하기 위해서 여신은 낮에는 그 아이에게 신들의 양식으로 도유(塗油)를 하고, 밤에는 불꽃을 대면서 정화시켰다. 왕비는 그것을 보고 비명을 지르면서 여신을 밀쳐냈다. 그러자 여신은 할 수 없이 자신의 정체를 밝혔다: "나는 존엄한 데메테르이다. 나는 죽어야 하는 사람들뿐만 아니라 죽지 않는 신들에게도 기쁨과 열정과 무엇과도 비교할 수 없는 풍요를 가져다주는 자이다. 이제 모든 백성들은 나를 높여서 바다가 철썩거리는 도시 안, 언덕 아래 커다란 사원을 짓고, 제단을 만들어라. 내가 손수 그대들에게 앞으로 나에게 예배드리고 나의 슬픔과 분노를 달래게 하기 위하여 거룩한 제의들을 가르쳐주겠다." 그녀는 그렇게 말하면서, 그녀가 입던 변복(變服)을 벗어던지고, 그녀의 둘레에 경탄할 만한 향기를 풍기게 하고, 그

방을 눈이 빛나는 밝은 빛으로 가득 채우면서 빛나는 아름다운 모습으로 나타났다. 그런 다음에 그녀는 사라졌다.

메타니르와 체레오스는 데메테르가 말한 대로 서둘러서 사원을 지었고, 그 공사는 데메테르가 아직 그녀의 딸 코레의 얼굴을 볼 수 없는 고통을 토로하려고 검은 베일을 쓰고, 거기 나타났을 때 끝났다. 그래서 그녀는 땅과 여인들에게 아무 열매도 맺지 못하게 하였다. 그 결과 신들은 늘 받아오던 공물을 하나도 받지 못하였다. 그래서 제우스는 하데스에게 그 다음에 페르세포네(Perséphone)로 이름이 바뀐 코레를 풀어주도록 설득하라고 헤르메스를 보내려고 결심하였다. 하데스는 그 말을 들었지만 그의 신적인 아내가 석류의 씨앗을 먹어서는 안 되고, 그렇게 되면 지하 세계로 다시 돌아올 것이라고 하였다.[118] 제우스는 반쯤만 승낙을 하고, 그의 딸 페르세포네가 일 년의 삼분의 이는 그녀의 어머니 데메테르의 곁에서 지내고, 삼분의 일은 지하의 그녀의 남편 곁에서 지내도록 결정하였다. 그러자 데메테르는 식물이 싹을 다시 틔우고, 여인들이 아이를 낳도록 하였고, 엘레우시스의 군왕들이 그에게 예배드리는 비법을 가르쳐주었다.

*

이 신화는 우리가 여태까지 살펴보았던 모든 것들처럼 그 원형적 뿌리를 생명의 거대하고, 율동적인 맥박 속에 내리고 있다.

코레가 지옥에 있을 때, 풍요했던 것들은 모두 그녀와 함께 사라지고, 코레-페르세포네가 빛의 세계로 돌아오면, 생명이 부활한다. 대지(大地)-모(母)인 데메테르는 모든 것을 낳는 자이고, 모든 것을 먹이는 자이다. 그러나 헬레니즘 사회보다 앞선 프리지아에서 태모의 성현은 키벨레에 대한 예배 안에서 꽃을 피웠고, 데메테르에 대한 예배는 그 다음에 발전한 것이다. 그 당시에 미개간지의 힘과 지하 세계의 힘은 땅에 깊이 파인 동굴이나 산에 있는 바위에서 예배 드려졌고, 사람들은 그 속에 피가 묻은 살덩어리를 헌물로 던졌다. 그보다 더 오래 전에는 사람의 몸을 헌물로 드렸다. 호메로스가 말하는 올림푸스 산의 만신전에 나타난 것과 같은 그리스-인도게르만적 종교의 부성 원형의 성현은 그런 고태적인 모성적 성현을 대체하려고 애를 썼다. 그 작업은 모두 다 성공하지는 못하였지만—그것은 충분히 이해할 수 있는 일이다—그럼에도 불구하고 구원적인 모성의 성현으로 전환(원형적 변환)되는 데는 도움을 주었다. 엘레우시스에서 데메테르는 처음에는 그녀의 아이를 잃어버린 가련한 어머니였다. 그래서 그녀는 그녀의 딸을 생명의 세력 쪽으로 데려오려고 딸을 찾아 나섰다. 그녀의 딸 페르세포네가 지하 세계의 여신이 되었지만, 어느 누구도 그녀를 죽음의 영역의 인물로서의 두려움을 떠올리지 않는다. 더구나 그 신화는 우리가 여태까지 접해본 적이 없는 어머니-딸이라는 성현의 장면을 연출한다.

엘레우시스에서 씨뿌리기와 갱신은 죽음과 부활의 상징으로 되었고, 데메테르 여신에게 헌신하는 입문자들은 죽음을 씨앗처럼 부활의 확신을 가지고 맞이한다.

### 3. 엘레우시스 비의

엘레우시스의 비의에는 본질적으로 두 가지 단계가 있다. "소(小) 비의들"은 봄에 드려지고, "대 (大) 비의들"은 가을의 파종기에 드려진다. 소 비의들은 디오니소스-자그레우스[119]보다는 데메테르-코레에게 덜 향해지고, 아테네의 교외(아그라)에서 예배드린다. 소 비의들은 무엇보다도 아그라로부터의 행렬이 이루어지는 엘레우시스의 대 비의를 준비하는 정화 의례처럼 드려진다. "미소년들인" 전령들은 엘레우시스에서 사용되는 예배 의식에 필요한 도구들을 가져가려고 아테네로부터 보내진다. 그 다음 날 비의 참가자들은 9일 전부터(데메테르가 고생하면서 그녀의 딸을 찾아다닌 것이 9일이다) 절제하고 금식을 한 상태에서 집정관의 장엄한 설교를 묵묵히 듣는다. 그 다음에 그들은 대개 새끼 돼지인 희생 동물들을 바다에 빠트리려고 바닷가에 간다. 그것은 그들이 전에 지었던 죄를 그 돼지들이 씻어주게 하기 위해서이다. 그리고 축제는 엘레우시스 사원인 엘레우시니온(Eleusinion)에서 진행된다.

대 비의에서 행해지는 입문의례의 첫 번째 단계는 사원의 입구에서 하는 정화로부터 시작되는데, 그것은 세례식의 특성을 가지고 있다. 알렉산드리아의 클레멘트는 비의 참가자들이 그때 외치는 다음과 같은 공식을 전해주었다. "나는 금식을 하였고, 혼합된 음료(Kykéon)를 마셨다. 나는 작은 상자 속에 들어갔고, 그 상자를 만졌다. 그런 다음에 나는 그 상자를 바구니에 놓았고, 바구니로부터 꺼내서 상자 속에 넣었다." 여기에서 말하는 "금식"은 9일 동안의 준비 기간에 비의 참가자들이 한 것을 말하며, 그 금식은 다른 것들과 함께 그들에게 꿈을 꾸고, 비전을 볼 수 있도록 준비시키는 것이다. 그 "혼합된 음료"는 데메테르가 메따니르에게 부탁한 음료인데, 보리와 양귀비는 사람들을 최면 상태에 잘 빠지게 하는 성질을 가지고 있다. 게다가 그것은 신성과 하나가 되고, 친교하는 의미를 가지고 있다.

거룩한 작은 상자는 비의 참가자들의 심장으로, 예배에서 사용되는 도구들을 담는 것—장막—이다. 그것은 생명의 여신들이 그녀들의 처소로 삼았던 지하의 비밀스럽고, 감춰진 장소를 나타낸다. 그래서 비의 참가자들은 거기에서 생명의 원천을 찾는다. 작은 상자 안에 들어 있는 "물질"은 여성의 성기—사모트라케(Samothrace) 비의에서나 디오니소스-트라케(Dionysos-Thrace) 비의에서는 남성의 성기이다—로서 특히 위대한 여신의 상징이며, 지하 세계의 비밀이고, 생명의 신비를 나타낸다. 비의 참가자는 감동을 받고, 몸을 떨면서 그의 손에 그것을 "간직하도록" 그 "신성한 물질을" 들고 있다.

어떤 학자들은 그렇게 "간직하는 것"은 성기를 여성의 성기에 집어넣는 것을 의미한다고 확신한다. 그러나 잊지 말아야 하는 것은 그 여성들도 또한 그 입문의례에 받아들여졌다는 사실이다. 의례의 형식은 중요하지 않고, 중요한 것은 의례의 깊은 의미, 즉 거기에서 다시 태어나기 위해서 태모의 성기 속으로 들어가고, 데메테르 안에서 부활하는 것이다. "여신은 거룩한 아이를 낳았다. 브리모는 브리모스를 낳았다." 비의 참가자인 거룩한 아이—더 정확하게 말해서, 보는 자인 에폽테(époptе)는—역시 디오니소스-자그레우스 또는 플루톤[120](Pluton; "풍요를 주는 자"라는 뜻의 그리스의 지하계의 신, 하데스의 다른 이름이기도 한데, 그 이름은 그가 대지의 다산의 신과 혼동되었거나, 페르세포네와 관련되기 때문이다—역자 주)이다. 브리모와 브리모스는 전례(典禮)를 나타내는 고대의 단어로 정확하게 번역하자면, 우리가 제1부에서 언급한 모성-여신의 신성력에서 나오는 어마어마한 신비와 어마어마한 장엄성을 의미한다. 그 입문의례들은 밤에 진행되고, 비의 참가자들은 사제의 인도를 따라서 지하 세계로의 하강을 상징하는 "여행"을 하는데, 그 과정에서 그들은 그들에게 불안과 공포를 자아내는 악마들과 그림자들을 만나면서 수많은 방들을 거쳐 간다. 마지막으로 그들은 그들이 신성과 하나가 되는 "신비한 휴식을 가져다주는 침대"가 있는 커다란 방에 들어간다. 그 모방극에서 "지하 세계로의 하강"이 실제로 어떠했는가 하는 것은 우리에게 별로 중요하지 않다. 그럼에도 불구하고, 그 입문자들은 금식을 하고, 혼합 음료를 마신 다음에는 환각에 들어가는데 아무 불편이 없었을 테고, 우리가 앞에서 살펴보았던 수메르-바빌로니아와 이집트의 샤만들이 했던 것처럼 환각을 여러 차례 반복했을 것이다. 그 치유 사제들은 그리스의 아스클레피우스의 의료 사원에서 사제들이 몽상 속에서 환자들과 했던 것과 똑같은 것을 행하였을 것이다. 우리는 지금 내가 이 글을 쓰고 있는 책상이 실제적인 것처럼 고대인들에게서 비전, 꿈, 환각은 똑같이 실제적인 것이었다는 사실을 잘 알아야 한다.

그래서 비의 참가자들에게 새로운 "신성한 물질"인 의미심장한, 팬 이삭(épi maturité)이 계시되는 대(大) 비의의 두 번째 단계가 우리에게는 그렇게 극적으로 보이지 않을 수 있다. 그러나 입문자들에게 그 의미심장한 이삭은 특별히 여신의 창조력의 상징으로 제시된다. 우리가 그것을 오늘날 정신분석의 용어로 말한다면, 그녀의 남근이라고 할 수 있다. 우리는 이미 이집트에서 이시스가 재구성해 놓은 오시리스의 몸에서 이삭이 나오는 것을 살펴보았지만, 그 상징은 엘레우시스에서 그만큼 가치 있는 것은 되지 못한다. 이 단계에서도 하데스와 코레의 신성혼—여사제와 사제가 모방극을 통해서—이 이루어진다. 거기에 대해서 플라톤은 이렇게 말한다: "우리의 비의를 제정한 저명한 인간들은 그들이 하는 것에 대해서 잘 알고 있었던 것 같다. 그들은 그들이 하는 수수께끼 같은 의례에서 실제로 하데스 앞에 서서 입문의례를 거쳐서 정결하게 된 사람은 그 여행이 끝날 때 신들과 같이 살지만, 입문의례를 거치지 않아서 정결하게 되지 못한 사람들은 진흙탕 속에 머무를 것이라고 말하는 것이다."[121]

## 4. 의료적 신화론

아테네의 아그라에서 거행되는 비의(소 비의)의 마지막 날은 아스클레피오스(Esculape라고도 불린다)[122]와 그의 궁정에 바쳐진다. 우리가 알다시피 아스클레피오스는 이집트의 토드와 비슷하지만, 더 의료의 신으로 특화되었다. 그 축제에 참가한 신도들은 그때 죄에 물들고, 죄 때문에 오염된 병들로부터 풀려났다. 심지어 어떤 사람들은 거기에서 신체적 특성에 의한 병이나 불구인 것이 틀림없는 병으로부터 낫는 경우들도 있었다. 그 당시 아스클레피오스의 그런 능력은 데메테르 여신에게 전파되었다. 4세기에 만들어진 돋을새김 가운데 하나는 안과의사 역할을 하는 여신의 모습을 새긴 것도 있다. 그때 사람들이 바친 헌물(獻物)은 데메테르가 치료해 준 것을 감사하는 의미로 그 여신에게 바친 봉헌의 특성을 띠었으며, 그 여신의 신체의 한 부분이나 팔다리의 주형(鑄型)의 모습을 하고 있었다. 그렇지 않으면, 그 여신이 치료해 주기를 바라는 그들의 신체의 한 부분의 모습이었다. 그 주형들은 보통 청동으로 되어 있는데, 엘레우시스 일대에서 매우 많이 발견된다. 눈이 멀었던 안티필로스(Antiphilos)라는 사람은 다음과 같이 데메테르에게 치유 받은 사연의 내용을 작은 시의 형태로 보고하였다. "나는 입문의례에 참가한 적도 없었고, 태양빛을 본 적도 없었는데,나는 막대기를 잡고 사원으로 갔다. 그리고 사람들은 나를 두 여신(데메테르-코레)에게 예배드리는 곳에 가서 입문하게 하였다. 그날 밤에 한 목욕재계는 나의 두 눈을 흐릿하게 했던 흑암을 나에게서 제거하였다. 나는 막대기를 잡지 않고 마을로 돌아왔고, 나의 두 눈은 나의 혀보다 더 뚜렷하게 데메테르를 위한 예배의 입문의례가 가진 능력을 증언한다."

에피다우루스(Epidaure)의 의료 신탁에 의하면 우리가 알다시피 아폴론의 아들인 아스클레피오스는 그 자신이 기적을 행하는 위대한 신이었다. 아스클레피오스는 병자들을 고칠 뿐만 아니라 죽은 사람들까지 살리는 바람에 그의 어둠의 왕국의 주민이 줄어든 하데스의 요청을 받은 제우스가 아스클레피오스에게 벼락을 내리면서 사람들을 살려내지 못하게 하였다. 그런데 데메테르 뿐만 아니라 히게이아(Hygié)와 빠나세(Panacée) 역시 치유의 여신인데, 그 이름들은 오늘날까지 매우 중요하다(Hygié는 건강의 여신인데, 위생 hygiene은 그 여신에서 나온 말이고, 만병통치약 panacée 역시 그 여신에서 나온 말이다—역자 주). 아프로디테 자신도 사랑의 여신으로서 사람들의 성적인 삶을 보호한다.

우리는 치료의 능력뿐만 아니라 수많은 다른 속성들까지—특히 지식의 속성, 과학의 속성, 말과 글의 속성들—같이 가지고 있던 이집트의 토트와 달리 그리스의 만신전에는 여러 의사들의 신들이 있었고, 그 가운데서 세 신들이 전문화되어 있었던 것을 볼 수 있다.

이런 분화와 특수화는—그에 따른 당연한 결과이지만—의사-사제에게서도 마찬가지로 일어났고, 곧 이어서 민간의 의사들에게서도 같은 방식으로 많이 생겨나게 되었다. 우리가 앞에서 비교적 세속 사회에서의 의약(醫藥)의 "위대한 조상"을 나중에 신격화된 이집트의 의사 임호테프(Imhotep, 기원전 2850년 경)라는 인물에게서 살펴보았다면, 여기에서는 전설에 의하면 아스클레피오스의 핏줄을 타고났다고 하는 아버지 헤라끌레이드(Héracléide)와 헤라클레스의 핏줄을 타고났다고 하는 어머니 프락시뗄라(Praxitéla) 사이에서 기원전 470년 경 그리스의 코스(Cos)에서 태어난 현대 의학의 아버지 히포크라테스(Hippocrate)에 대해서 잠시 살펴보아야 한다. "히포크라테스 문집"(3,000쪽 이상의 분량이 된다)을 구성하는 그의 해부학, 생리학, 병리학, 수술, 산과학, 윤리헌장은 17세기에 이르기까지 넓게 받아들여졌다. 우리는 오늘날 거의 2,500년 전에 그가 기술한 어떤 증상들과 증후군들을 똑같이 다시 취하지는 않지만, 언제나 그가 제정한 저 유명한 윤리헌장에는 관심을 기울이고 있다. 의학이 마술적 개념들을 포기하게 된 것은 히포크라테스의 의학 덕분인데, 그는 90세의 나이에 테살리의 라리싸(Larrissa)에서 죽었다.

우리는 과학적 의학의 아버지에게 충분한 경의를 표한 다음, 다시 우리가 살펴보려는 사제(司祭) 의학으로 돌아가려고 한다. 그것도 비록 히포크라테스보다 이전의 것이기는 하지만 이미 해부학, 병리학과 우리가 이집트에서 보았던 것보다 더 충실한 치료술을 가지고 있다. 호메로스는 두 가지 종류의 외상과 그것을 고칠 수 있는—세속적인—방법들을 기술하면서, 우리에게 모든 내적인 병들은 "신들의 개입이기 때문에, 사람의 힘으로 그것들을 고칠 수 있다고는 생각하지 말아야 한다"고 확언한다. 따라서 우리가 앞에서 살펴보았듯이, 환자가 호소해야 하는 곳은 특별한 사제들—그렇지 않으면, 직접 신들에게—이다. 우리가 바빌로니아와 이집트—그 뿐만 아니라 샤만들에게도—에서 열거했던 똑같은 병인론적 개념들이 고대 그리스에도 존재했던 것이다. 거기에서는 죄와 부정(不淨)이 첫 번째로 오고, 거기에서 보호하는 신(수호천사의 신)의 상실, 영혼의 상실, 영혼을 도둑맞음, 사로잡힘, 금기 위반, 마술에 걸림 등이 생겨난다. 그래서 치료를 위한 장면에서도 똑같은 시가 읊어진다. 그러므로 우리는 여기에서 그것에 대해서 더 길게 이야기할 필요는 없다. 금식, 정화, 향기로운 물로의 목욕으로 이루어진 전체적 속죄 의식 이후 사원에서 하루나 며칠 밤을 지내는 아스클레피오스 처소(거룩한 병원)에서의 준비기간과 마찬가지로 엘레우시스 비의의 의식과 의례들에서도 희생제를 동반하는 속죄제가 행해진다. 여기에서 치료적 처치는 "작은 입문의례"가 형편에 따라서 치러지고, 어떤 경우에나 그 상황에 맞는 개인적 입문의례들이 행해진다고 말할 수 있다. 여기에서 환자의 참여는 매우 중요하고, 그것은 현대의 분석적 정신치료 처치와 매우 가깝다. 더구나 혼합음료를 마시는 것은 약물에 의한 치료 처치와 아주 비슷하다.

이렇게 볼 때, 정신분석의 심층적 처치—나는 그 사실을 서둘러서 말해야 하는데, 그것이 거의 그렇지 않다거나 예외적으로 그럴 뿐이라고 하지만—는 "형편에 따라서 행해지는" 개인적 입문의례라고 할 수 있다. 정신분석의 심층적 처치에는 그 나름대로 의식과 의례와 사례비는 고대 시대와 선사 시대에 행해진 것과 같은 헌물인 것이다. 입문의례에서 행해졌던 "모욕", "신문(訊問)", "고백", "속죄", "퇴행", "지하 세계로의 하강", "상징적 죽음"이 이루어질 때의 "싸움" 등은 정신분석의 심층적 처치에서 하는 특히 고태적인 부성적 이미지에 의한 그림자에 대한 설명과 유비적인 관계에 있고, 입문의례에서 이슈타르, 자르파니트, 이시스, 데메테르 등을 부르는 것은 "아니마"와 아니마의 표상들을 부르는 것과 유비적이며, "아니무스의 부활"이나 "신성혼" 등은 "성령 안에서 성령에 의하여 재탄생하는 것"과 유비적이다. 간단하게 말해서 우리가 원초적인 시대와 고대 세계의 민중들의 영혼에서 만났던 모든 성현들은 20세기 유럽인들의 영혼에서도 똑같이 드러나는 것이다.[123] 그러면 정신치료자들은 누구인가? 우리 정신치료자—영혼의 의사—의 임무는 마술사와 사제처럼 환자가 소위 "전이"라는 상태 속에서 우리에게 말하는 것들을 다소 원초적 수준에서 받아들이고, 거기에서 어느 정도 의식화를 시키기 위하여 그것들을 객관화하는 사람들이다. 그리고 우리는 "정신분석"이라는 이름을 가진 현대의 신화의 도움을 받아서 그것들을 상징화한다. 그러나 우리는 이상주의적인 신기루에 걸려들거나 함정에 빠지거나 우리의 상상계에 들어가서 과대망상을 가지지 않도록 조심해야 한다. ...

우리가 살펴보았던 이집트의 "정신-신체적인" 신화론과 우리 자신의 정신분석적 신화론 사이에는 차이점이 있다. 그런데 그 차이는 어쩌면 거기에 아무 차이도 없다고 주장할 수 있는 사실에 있는 것인지도 모른다. 그러나 사람들은 나에게 우리는 우리 자신의 정신-신체적 유전자 지도 자체를 맹신하지 않고, 그렇기 때문에 우리에게 결정적인 진리가 있다고 믿는 자만에 빠지지 않는다는 사실을 의미하는 그런 단순한 주장 자체가 어마어마한 차이라고 말할지도 모른다. 그것은 사실이다. 그런데 최근에 나의 친구 가운데 한 사람이 나에게 이렇게 유기체론적이고, 기계적으로 된 의학을 가지고 우리가 무엇을 할 수 있는가 하는 질문을 하였다. 나는 그에게 우리는 현대 의학에 영혼을 돌려주려고 한다고 대답하였다. 오래 된 의학의 금언이 우리에게 옳다는 생각이 들기 때문이다: "치료는 어떤 때는 짐을 내려놓게 하는 것이고, 언제나 위로해 주는 것이다." 우리는 치료에 관해서 약물치료적이거나 외과수술적인 요구를 하지 않는다. 심지어 정신치료의 실제에서 수년 동안 진단과 치료는 우리에게서 완전히 주변적인 것이었다.[124] 그렇다면, 우리들은 과연 의사인가? 우리가 의사라면, 우리는 피임약을 주는 의사나 외과수술용 메스를 든 의사라기보다는 샤만이나 치료자로서의 사제와 훨씬 가까운 의사일 것이다. 우리는 틀림없이 우리 세기의 샤만들인 것이다. 그리고 우리는 그런 자격으로 지난 3세기 동안 순수한 물질이 굳어버린 몸속에 주체를 다시 끌어들이려고 한다는 주장을 감히 한다는 말을 하려고 한다. 그렇지 않으면 적어도 우리는 그 방법을 쓰거나 유기체적이고-기계적인 정신을 도입하려고 한다.

"나는 내 메스를 가지고 아무리 해도 영혼을 찾을 수 없었다"고 자비에르 비샤(Xavier Bichat; 프랑스 리옹 출신의 해부학자이며 생리학자, 그는 인체조직을 체계적으로 연구하고 조직학의 기초를 세웠다—역자 주)는 한 세기 반(半) 전에 외쳤다. 그러나 나는 그에게 그와 정반대로 우리는 언제나 비-물질적인 신화 속에서 인간의 몸(corps)을 찾을 수 있었다고 대답하려고 한다. 우리는 신화를 통해서 "지혜"를 발견한 것이다. 더구나 우리는 신화에서 의학의 주체뿐만 아니라 사람도 발견할 수 있었다고 말하려고 한다. 다시 말해서 사람들이 프로메테우스적으로나 루시퍼적으로 타락한 이래 단절된 상태에서 해결책을 기다리면서 대리모인 대우주에 소우주를 끌어들일 수 있었다는 것이다. 그때 가장 좋은 방법은 다시 한 번 혼돈으로 돌아가는 것이다. 그러나 오늘날같이 산업화된 서구 세계에서 실제로 까막눈인 사람은 정신적으로 발육이 제대로 이루어지지 않은 사람들 외에는 거의 없다. 그래서 우리 모두가 혼돈으로 돌아갈 수는 없을 것 같다. ... 더구나 ... 그런데 오늘날 정말 까막눈인 사람들은—그들이 아무리 인문학 교수나 수학 교수 시험에 합격한 사람이라고 할지라도—이 세상에 대한 부분적인—따라서 편파적인—지식을 절대시하고, 그 밖에 다른 모든 지식, 특히 고대인들이 깨달음이라고 부른 것을 무시하는 사람들이다. 그 깨달음은 무엇보다도 먼저 대우주에 속해 있는 인식이고, 원초적 인간, 즉 종교적 인간(*homo religiosus*)과 사유인(*homo sapiens*)에게 본래적으로 합치되어 있는 인식이다. 그러나 기술적 인간(technologique)은 그 인식을 잃어버리고 말았다. 그래서 진정한 까막눈은 소위 원시인들이라고 하는 사람보다는 대도시의 문명화된 사람들에게서 더 많이 찾아볼 수 있다. 그것은 어쩌면 역설적인 사실이 아닐 수 없을 것이다.

또 다른 친구는 나에게 이렇게 말하였다: "그러나 어느 날 갑자기 사람들이 당신에게서 모든 깨달음을 빼앗아 갈지라도, 이 세상은 하나도 변하지 않을 것입니다." 나는 그 말에 대해서 이렇게 대답하려고 한다. 나에게 그것들을 빼앗아가려면 이 세상을 사는데 그 나름대로 권리가 있는 예술가들과 시인들과 모든 몽상가들에게도 그것들을 모두 빼앗아 가야 한다고 말이다. 그들은 이 세상에서 부당한 이득을 취하고 있고, 이 세상을 뿌리 뽑고 있기 때문이다. 사실, 수년 동안 실제로—우리 사회는 그 동안 상당히 무기력하였다—사람들이 "좋지 않은 풀"에서 돋아나는 새로운 싹들을 없애버리려고 하였지만, 겉으로 보기에 아무것도 변한 것은 없는 것 같다. 그러나 갑자기, 어느 날 느닷없이 폭발이 일어날지도 모른다. 나는 그것이 어떤 형태의 것인지 모르지만, 1968년 5월[125]에 일어났던 것과 비슷하거나 그보다 더 장엄한 어떤 것이 일어나서 기술문명 사회 전체를 전복시킬지도 모른다고 생각한다. 그렇지 않으면, 또 다른 "폭발적인 것"이 터질지도 모른다. 예를 들어서 말하자면, 공장 주인들과 노동조합에서 아무리 화를 내더라도 르노 공장의 모든 노동자들은 어느 날, 깨어 있는 채 현장에서 꿈을 꾸기 시작할지도 모른다. 이제 더 이상 일도 하지 않고, 그렇다고 꿈꾸거나 몽상하지도 않으면서, 갑자기 디오니소스적인 축제가 기계적인 인간의 심층 깊은 곳에서 솟아나고, 점점 더 거대한 노동조합들과 공장주들까지 끌어들이면서 퍼져나갈지 모르는 것이다. 그때 그 소란과 방탕의 축제는 산업화된 서양 사회를 거대한 정신병원으로 만들고, 제3세계의 "소위 원시인들은" 그들을 고치는 정신과의사가 될지도 모른다. 이 얼마나 아름다운 공상 소설인가...

우리들이 꿈을 꾸도록 하라. 우리들도 시인이나 예술가들처럼 꿈을 파는 상인(商人)이기 때문이다. 그렇다. 호흡이 생리적인 삶에 필요한 것만큼 꿈이 정신적인 삶—그러므로 삶 전체—에 필요하다고 오늘날 우리에게 확인시켜주는 것은 바로 기계론적인 지식이다. "꿈을 꿀 수 있는 권리"는 가스통 바슐라르의 마지막 저서의 제목이다. 그가 소르본느에서 마지막으로 한 강의는 말하자면 철학의 본질이었다. "시를 읽으십시오. 당신은 철학 교과서에서보다 시에서 삶에 대하여 더 많은 것을 배울 수 있을 것입니다." 그렇다. 우리는 이 기술적 사회의 반대편에 있는 축이며, 기술적 사회를 보상하는 축이다. 이 축이 없으면 사회는 그냥 무너질 것이다. 그 사실을 깨닫지 못하고, 그 축을 억압하고, 제대로 대해주지 않으면, 우리 사회가 잘못될 것은 틀림없는 사실이다. 비트족, 히피, 떠돌이, 가출, 공동체적인 삶으로의 귀환, 자연에 대한 참을 수 없는 갈증, 약물, 기존 체제에 대한 항의, 소집단에 대한 향수, 정당하고 진정한 모든 권위의 종식, 폭력 등은 모두 무엇을 의미하는가?[126] 이 모든 징표들은 이상하게도 나에게 신체 조직에 나는 악성 종양이라고 배웠던 것을 떠올리게 한다. 그렇다면 악성 종양은 어떤 것인가? 거칠게 말해서, 그것은 그때까지 관리되었던 조직에 전체적으로 부조화 반응을 보이는 부분인 세포 집단이나 조직 집단으로, 지금 균열되었거나 반발하고 있는 부분이며, 그것들이 지금 자율적으로 작용하는 것이다. 그래서 혼돈 상태로 돌아가고, 모든 변환이 가능한 위대한 시대로 돌아가서, 새로운 것이 시작되는 배아 조직으로 된 것이다. 세포 조직체의 진정한 에너지와 정보의 중심인 세포핵들이 전체적인 조직체의 일반적인 정보의 중심에서 떨어져 나오고, 고태적이고 "지엽적 체계"로 퇴행하며, 게다가 단세포적으로 되어 아주 자율적으로 된다. 그래서 나라 속에 또 다른 나라를 만들어서, 그 자신의 계산을 따라서 제멋대로 증식하고, 발아하며, "종잡을 수 없이" 떨어져 나가거나 점점 더 멀리 떨어지면서 아무 규율도 없이 증식하게 된다. 그것은 마치 30억 년 전의 원시 대양 속과 같은 상황이 전개된다. 조직체들이 그렇게 침입해 오고, 솟아나기 때문에 사람들은 속수무책으로 거기에 당할 수밖에 없게 된다. ...

이것이 오늘날 '종교적 인간'을 희생시키고, 기계적-인간에만 과도하게 관심을 기울이는 우리 사회의 기술적 문명 "안에서 폭발하는" 또 다른 양상이다. 그것은 또한 저 유명한 대극의 일치(반대되는 것들의 통합)를 자신—개인이거나 사회, 세포나 조직체—안에서 이루지 못한 존재가 죽는 또 다른 방법이다. 대극의 통합은 우리가 앞에서 살펴보았듯이 변증법적 정신주의자나 변증법적 물질주의자 모두에게 해결책을 줄 수 있는 유일한 길이다. 그런데 그것은 고전적 헤겔학파의 주장처럼 명제, 반명제, 통합 명제 등 3위성이 아니고, 명제, 반명제, 대극의 통일로 나아간다. 갈등들을 받아들이면서 통일을 이루는 것, 즉 대극들을 건설적으로 통합하는 것이다. 거대한 자본주의의 독재를 프롤레타리아의 독재로 뒤덮는 것이 아니라, 대극들을 자율적으로 관리하면서 통일시키는 것이다. 그것은 오늘날에도 유효한 유토피아적인 것인데, 어쩌면 미래의 진정한 인도주의적이고, 인문주의적인 문명을 건설할 수 있는 유일한 등불이고, 창(槍)의 끝 날일 것이다.

우리는 여태까지 '종교적 인간'에 대한 간략한 연구를 통해서 성현이 어떻게 원형적으로 드러났는지 살펴볼 수 있었다. 우리는 미개간지와 하늘-토템으로부터 자르파니트와 마르둑-티아마트, 그 다음에 이시스와 오시리스-세트[127]를 거쳐서 데메테르-페르세포네와 하데스에 이르기까지 모두 살펴보면서 이 무시무시하고, 공포를 자아내는 상상계적인 형상들이 어떻게 긍정적으로 가치 평가되게 되었는지 살펴본 것이다. "만물의 어머니"인 티아마트나 태모인 키벨레와 도움을 주는 데메테르 사이에는 폭력이 점점 줄어드는 것을 볼 수 있다. 또한 미개간지의 악마나 세트와 화해자 하데스 사이에도 똑같은 차이가 존재한다.[128] 그런데 코레-페르세포네와 하데스의 결혼은 여기에서 특히 대극의 통일을 나타낸다.

우리는 그것들을 급하게 살펴보면서 '사유인'(*homo sapiens*)이 어떻게 '종교적 인간'의 중개를 통해 자연으로부터 문명 세계로 솟아나게 되었는지도 살펴보았다. 또한 우리는 하늘과 산꼭대기가 어떻게 '종교적 인간'에게 그의 영혼의 남성적인(부성적인) 부분으로 경험되고, 땅과 땅속 또는 바다 속(지하 세계와 아래 있는 세계)이 그의 영혼의 여성적인(모성적인) 부분으로 경험되는지도 살펴보았다. 어떻게 태양과 땅을 중개하는 달이 영혼의 헤르마프로디테로 경험되고, 그의 이성(理性)과 함께 태양이 아버지인 신으로 경험되며, 땅이 마찬가지로 이성과 함께 모성 여신으로 경험되며, 달이 그의 순환적 특성으로 특히 변환의 장소가 되고, 인간의 조건의 주된 상징의 장소, 즉 영원한 신성혼의 장소가 되었는지 살펴보았다.

헤라클레이토스와 그의 후계자들인 스토아학파에서는 우주 안에서 어떤 거대한-유기체, 그 자신도 삶과 죽음 아래 있지만 죽으면서 새로운 생명의 씨앗을 남기는, 몸과 영혼과 영으로 이루고 사는 거대한 존재를 보았다. 그 우주는 원초적 요소로부터 나오는데, 그 원초적 요소는 불-영이고, 그것은 모든 것의 씨앗이다. 그런데 그것이 발달의 최고점에 도달하면, 그것은 분해되고, 불에 타버리고, 그 원초적 요소도 돌아가며, 거기에서부터 다시 새로운 우주가 나온다. 그리고 이와 같은 방식으로 다시 돌아간다. ... 두 개의 현현과 두 개의 우주적 동란(動亂) 사이에 있는 이 주기(週期)의 이름은 아이온(AEon)인데, 아리스토텔레스는 그에 대하여 다음과 같이 말하였다. "이 말은 우리 조상들이 신적인 지식이라고 알려 주었다. 각각의 존재의 수명을 한정하고, 자연의 법칙에 의해서 넘지 못하는 이 한계를 각자의 아이온이라 고 부른다."[129]

아리스토텔레스에 의하면, 우주는 놀라운 계층 구조로 이루어져 있다. 우주의 아래 단계는 흙, 물, 공기, 불 등 "네 가지 요소들"에 의해서 활성화되지 않은 물질로 점령되어 있는데, 그 위에는 형상과 "목적"을 가진 살아있는 유기체의 세계가 있다. 아래에 있는 유기체들은 위에 있는 형상들을 위해서 존재한다: 식물은 동물을 위해서 존재하고, 동물은 사람을 위해서 존재하는 것이다. "정보"와 "목적"의 원리(principe)는 점점 더 완전한 형태를 띠면서 나선형으로 위로 올라가면서 발달하고, 몸이라는 형상에 질료가 되는 것은 영혼이다. 왜냐하면 영혼은 안에 있으면서, 몸에 생명과 형상을 주기 때문이다. 영혼은 하나의 엔텔레키(entelechie), 몸의 원인이며 동시에 목적이다. 그러므로 유기체들은 서로 서로가 그들의 영혼 때문에 구별된다. 식물체들은 식물적인 영혼(영양섭취와 재생산)을 가졌고, 동물들은 감각기관과 감각 및 움직일 수 있는 능력을 부여 받았으며, 거기에다가 예민한 영혼(감수성이 있는)을 가지고 있다. 사람은 거기에 덧붙여서 언어와 이성의 원천인 로고스를 가진 지적인 영혼을 가지고 있다. 그리고 영혼의 생각하는 부분만 죽지 않는다. 로고스는 두 부분으로 나누어지는 듯한데, 하나는 형상을 받아들이는 수동적 지성이고, 다른 하나는 그 자체로서 창조적이고 발전적인 주도적-지성(intellect-agent; 영, esprit)이다. 주도적-지성은 사람에게 외부로부터 주어졌고, 그것만 신적이고, 사람이 죽으면 그것만 그의 원리로 되돌아간다.

그리스 철학에 대한 이 간략한 고찰은 우리가 '종교적 인간'에게 "신비적 융합"이라는 이름으로 발견했던 모든 것들을 몇 줄로 거의 요약해주고 있다. 우주 안에서 보는 인간의 이 비전은 우리가 이집트 사람들에게서 살펴보았던 것과 그렇게 멀리 떨어져 있지 않다. 같은 방식으로, 그 비전은 우리를 현대의 우주론적이고, 진화론적인 비전으로 나아가게 한다. 나는 헤켈(Haekel, 개체발생이 계통발생을 되풀이한다고 주장한 독일의 생물학자—역자 주)의 법칙과 떼이야르 드 샤르댕의 비전과 카론(J. Charon), 보르갸르(O. de Beauregard), 루파스코(S. Lupasco)의 비전들에 대해서 생각한다.[130] 내가 여기에서 의도적으로 "비전"이라는 말을 사용하는 것은 괜히 그러는 것이 아니다. 우리는 비전의 중요성을 여러 비의들에서 이루어지는—엑스터시적인—종교체험들 속에서 이미 살펴보았다. "영혼의 눈"[131]으로 본 비전 속에서 사람들은 존재와 사물의 한없이 깊은 본질이 누미노스하게 드러나고, 고대인들이 "묵시록적"이라거나 "계시"라고 부른 빛나고, 유연한 형태로 볼 수 있다. 엘레우시스의 비의에서는 대-비의에 참가하는 입문자들을 무엇인가를 보는 것으로 선발하였다.

플라톤 역시 그가 이데아라고 명명한 것의 내용을 명확하게 하기 위하여 신비가들의 체험의 도움을 받았다. 플라톤의 이데아는 신비신학과 철학 사이의 다리—신화와 로고스의 다리인 것이다. 순수한 논리를 추상화하는 것은 우리의 "개념"이 아니고, 순수한 엑스터시적 비전은 더욱더 아니다. 그것은 위에 있는 특정한 "순수한 외부 대상"도 아니고, 플라톤과 플라톤 이후의 모든 "물질주의적" 사상가들이 다가가는 것도 아니다. 또한 그것은 위에 있는 어떤 특정한 "순수한 내적 대상"도 아니고, 플라톤과 플라톤 이후의 모든 "유심론자"들이 즐겨서 다가갔던 것도 아니라는 사실을 특히 이야기해야 한다. 그것이 아니라, 플라톤의 이데아는 그 두 가지를 다시 통합하려고 한다. 그런 의미에서 이데아는 우리가 상징이라고 정의한 것과 아주 가깝다. 융이 어머니 이데아(Idée Mère)를 어머니적인 것을 나타내는 모든 것과 구분하면서, 그것을 나타내는 매우 다양한 상상적이고 상징적인 표상들 가운데 그 형태와 의미가 비슷한 표상들과 이어주는 독특한 구조물을 간파했을 때, 그것을 원형이라고 명명했는데, 그것은 동물학자들이 어떤 동물의 근원이 되는 형태를 종(種)이나 문(門)으로 지칭하는 것과 같은 일이다. 그때 그는 플라톤이 이데아라고 말한 관념에 다가간 것이다. 그래서 사람들은 융을 신-플라톤주의자라고 하는데, 일리가 있는 말이다.

플라톤의 이데아나 융의 원형은 개인적이고, 특정한 것을 넘어서 일반적이고, 집단적인 것을 따라간다. 실존을 넘어서 영원한 본질을 추구하고, 형상과 생명을 주는 질료 속에 있는 것을 추구하는 것이다. 그러나 "바깥에 있는 것"도 그에게 '정신'을 준다고 우리는 아리스토텔레스에게서 보았다. 플라톤은 끊임없이 그의 "이데아들"을 명확하게 하려고 했으며, 그것들을 한정시키려고 하였다.[132] 그러나 그는 그것을 시를 통해서 밖에는 성공하지 못했다. 우리는 플라톤이 오르페우스에 대해서 말하면서 에로스(사랑)를 "아직 창조되지 않은 완전한 본질"인 아름다움과 연관시키려고 했던 것을 이미 살펴보았다. 그가 우리에게 아름다움의 이데아에 대한 명상으로 안내하는 기술에 대해서 들어보자. "'그것은 지금-여기에서의 아름다운 것을 출발점으로 삼아서 그것을 마치 사다리의 층계처럼 이용하여 초자연적인 아름다움을 향해서 끊임없이 올라가려고 하는 것입니다: 하나의 아름다운 몸으로부터 출발하여 아름다운 두 개의 몸으로 올라가고, 두 개의 몸으로부터 출발하여 보편적인 몸의 아름다움으로 올라가고, 그 아름다운 몸으로부터 출발하여 아름다운 직무(occupation)들로 올라갑니다. 그리고 아름다운 직무로부터 출발하여 여러 가지 학문으로 올라가고, 여러 가지 학문으로부터 출발하여 드디어 그 숭고한 학문, 즉 그 아름다운 초자연적인 것이라고 밖에 말할 수 없는 것에 도달하고, 그렇게 하면서 마침내 우리는 아름다움의 본질을 알게 됩니다. 나의 사랑하는 소크라테스여, 한 사람에게 있어서 생명을 산다는 것은 그가 아름다움 자체를 관조할 수 있을 때에만, 그것만이 살만한 가치가 있는 것입니다. 그 경지에 이르러야 하는 것입니다!'라고 망띠네(Mantinée)의 이방인 여자 친구는 말하였다."[133]

플라톤은 이데아를 명확하게 해명하기 위해서 시(詩)의 도움을 받으려고 하였다. 왜냐하면 우리가 여태까지 계속해서 반복하면서 밝혔듯이 '종교적 인간'은 '시적 인간'(*homo poeticus*)이기 때문이다. 모든 신비적 융합은 시이며, 모든 성현과 모든 마술은 시(詩)이다. 우리는 여러 차례 파피루스나 아시리아의 설형문자로 쓰인 의료적 제의의 석판에 있는 마술적 기원의 문구들을 시어(詩語)로 다시 번역하지 못해서 안타깝게 생각하였다. 우리에게 그런 재능이 없어서 번역이 어쩔 수 없이 완벽하게 되지 못했지만, 그 본문들에서 본래적인 시의 향기를 조금은 뿜어져 나왔을 것이다. "진정한 인간에게는 시적인 천재(天才)가 있다. 인간의 외면에 있는 몸이나 형상은 시적 천재로부터 유래되기 때문이다. ... 모든 사람들에게 외적 형상이 똑같은 것처럼 그들 모두는—모든 사람이 똑같이 무한하게 다양할지라도—시적 천재라는 면에서 똑같다. ... 여러 나라들의 여러 종교는 그 각 나라의 고유한 시적 천재의 선물에서 나온 것이다. ... 모든 사람들이 비슷한 것처럼—모든 사람이 똑같이 무한하게 다양할지라도—모든 종교들은 비슷하다. 그것들이 비슷한 것을 볼 때, 모든 종교들의 원천은 하나인 듯하다. 진정한 인간, 즉 시적 천재가 그 원천인 것이다."[134] 시와 종교에 대해서 블레이크보다 더 잘 말할 수는 없을 것이다. 그리고 이것이 화가이자 시인이었던 블레이크를 견자(見者)라고—그러나 또한 "미쳤다"고—한 이유일 텐데, 그에 대해서는 더 많이 평가해야 한다.

그러나 철학—로고스(logos)라는 말에는 비율(ratio)이라는 의미가 들어 있다—에는 고대 철학자들 가운데 비록 헤라클레이토스, 피타고라스, 소크라테스, 플라톤, 아리스토텔레스처럼 시적인 표현으로 자신의 의견을 말한 사람들도 있지만, 합리적 사고를 향해서 도약하는 경향이 많고, 철학은 모든 현대 과학의 어머니가 된다.

우리가 간략하게 살펴보았던 신화적인 모방극과 합리주의적 사고의 출현 사이에는 비극(tragédie)이 존재한다.

모든 그리스 사람들과 모든 고대 동양 사람들, 모든 제국의 사람들은 비의의 모방극에 참여하였다. 똑같은 방식으로 기원전 4세기 말 비극은 시민의 종교적 의무로 되는데, 그때 종교와 시민의 기능은 밀접하게 연관되었다. 그래서 합창단을 이끄는 사람은 공무원이기도 하였다. 그리고 아무리 가난한 사람도 무료로 극장에 올 수 있었는데, 그것은 아테네 시의 역사와 연결되어 있는 독특한 현상이다.[135] 기원전 5세기 이전의 비극은 인간의 이야기가 아니라 인간을 뛰어넘거나 인간보다 아래 있는 존재의 이야기였다. 그러다가 기원전 5세기에 비극은 올림푸스 산에서 "내려오고", 지옥에서 "올라와서" 개인적이고, 세속적인 인간의 이야기를 담게 되었다. 그 후 기원전 5세기가 지나면서, 그것은 비극을 반대하게 되었고, 합리적인 말을 하면서, 비-연극화, 비-신화화, 비-시화 되는 경향으로 나아갔다. 기원전 5세기는 비극에 있어서 개인적인 문제가 대두되는 의문의 세기, 헤겔이 "의식의 분열"이라고 불렀던 시대였다. 비극의 장면에 신과 영웅이 언제나 맞섰는데, 하나의 개인적 인간 속으로 육화되었다.

우리는 니체[136]가 올림푸스의 신들을 아폴론 속에 농축시키고, 하위의(땅과 지하계의) 신성들을 디오니소스에게 농축시키면서 두 개의 상반되지만 서로를 보충하는 힘들을 화해시키는 비극—대극의 연합—을 연출한 것을 알고 있다. 디오니소스는 "음악의 영"으로 그의 출현은 우리를 이성을 거치지 않고 감염을 통해서 직접적으로 엑스터시와 기쁨과 슬픔으로 이끌어간다. 그리고 디오니소스 축제[137]에서의 열광상태는 오늘날에도 우리가 춤을 추는 이슬람의 수도승들에게서 보듯이 우리에게 생각을 거의 하지 않게 한다. 디오니소스는 음악, 노래, 춤을 통해서 그의 비극에 비합리성, 비현실성, 열광, 애매모호함, 비의의 광란 등을 가져오는 것이다.

그 반면에 아폴론은 균형이며, 조화로운 형상이고, 도리아 예술, 지성의 빛—루시퍼의 빛과 가까운 "번쩍임"이다—이며, 정확한 규범이다.

디오니소스는 음악이고, 서정적 예술이며, 숙취(宿醉)와 엑스터시이다. 그러나 아폴론은 석고이고, 조형 예술이며, 꿈이기도 한데, 그 꿈에 대한 가장 뛰어난 해석자는 아폴론 자신이다. "언제나 차분한" 아폴론은 "정열적으로 흥분한" 디오니소스를 달래려고 온다. 그러나 비극이 탄생하는 것은 디오니소스에게이다. 다시 말해서 비극은 어린-아들(디오니소스-자그레우스)의 모습이나 위대한 모성 여신[138]의 연인-아들(디오니소스-바쿠스)의 모습으로 우리가 계속해서 살펴보았던 연구의 중심에 있는 양성구유적이며 지하계적 신성으로부터 오는 것이다. 비관주의적인 니체에게서 음악의 영은 우리가 리비도 또는 에로스라고 부르는 "모든 존재 속에 보편적으로 퍼져 있는 의지(vouloir)"이다. 원초적인 통일성—헤르마프로디테적이고 위대한 황금기의 플레로마—으로부터 나오는 것은 때에 따라서 중얼거림이나 아우성이다. 각 사람들은 그 충만(pléroma)로부터 타락(유대-기독교에서 본래적인 여성적 실수와 본래적인 남성의 범죄) 때문에 떨어져 나왔고, 불안, 소외, 억누를 수 없고, 고통스러운 "하나됨"[139]의 향수와 죽음으로 벌을 받는다.

그러나 우리가 살펴보았듯이 죽음은 아무리 해도 비의로 정복되지 않는다. 거기에서 하나됨의 상실을 상징적으로 나타내는 찢기고, 조각 난 젊은 신(여기에서는 특히 디오니소스를 말한다)의 수난(受難)은 비의 참가자와 보는 자에게 다시 찾은 하나(Un)의 안, 이 경우에는 특히 의식의 빛 안에서의 신과 그 자신의 부활을 확신시켜 준다. 니체는 "그런 희망은 개인 안에서 찢겨지고, 조각이 난 우주의 표면에 기쁨의 빛을 가져다 줄 수 있는 유일한 것이다. 그 신화는 애도 속에 있는 그녀에게 사람들이 그녀가 다시 디오니소스를 낳을 수 있다는 말을 했을 때, 처음으로 기쁘게 되었다는 사실을 데메테르를 통하여 상징적으로 나타낸다"고 말하였다. 예술적으로 표현된 그 비극은 "밀의종교의 교리"를 연출하고 있는 것이다. "거기에 나타난 생각은 개인화[140]된 것은 모든 잘못의 바탕이고, 예술은 어느 날 개인화의 마법이 풀리고, 통일성이 회복된다는 예감과 즐거운 희망을 재현한다." 그리고 개성화에서는 올림푸스의 아폴론적인 것, 즉 밝고, 엄밀하고, 정돈되어 있으며, 지적인 것이 으뜸가는 것으로 나타난다. "그는 우리에게 고통에 눌린 사람이 (데메테르처럼) 구속의 비전을 낳기 위해서는 고통스러운 세상이 필요하고, 그런 것을 보는 명상에 잠겨서 바다 한복판에서 흔들리는 나룻배 안에서도 평안을 얻게 되기 위해서도 고통스러운 세상이 무엇보다도 필요하다는 것을 숭고한 몸짓으로 보여준다."

그러므로 아폴론은 타이탄들과 지하계에 속한 것들이 만드는 비정상 속에 기준을 가져오려고, 그의 올림푸스적인 명석함으로 의식적이고, 개인화된 전체 속에서 전체를 회복시키게 하는 개성화 과정을 향해서 나아갈 길에 대한 의식—개인적 의식과 집단적 의식—

을 전해주려고 왔다. 사람들은 아폴론의 그런 작업을 가리켜서 구속(redemption)이라고 부른다. 우리는 아폴론과 함께 "천지창조적 엑스터시와 창조적 관능"의 종교와 구원론적 종교(구원과 구속의 종교)를 거쳐 가고, 더 정확하게 말해서 화해시키고 있다.[141] 사실 제우스의 아들이고, 에스쿨라페(아스클레피우스의 다른 이름—역자 주)인 그 자신이 의학의 거룩한 신이고, 예언자이며, 꿈의 위대한 해석자라는 사실은 놀라운 것이 아니다. 그가 사람들에게 부과하는 개성화적 "치료"는 융이 분석적 치료의 원리라고 정의한 개성화 과정과 아주 깊은 관계에 있다. 그래서 융은 롱펠로우(Longfellow)가 요약한 "히아와타의 꿈"이라는 인디언 신화를 해석하면서, 이렇게 말하였다.[142] "놀라운 사실은 죽음을 거쳐서 새롭게 다시 낳는 것은 히아와타(Hiawatha)가 아니라 신 자신이다. ... (마찬가지로) 신 안에서 변환되는 것은 인간이 아니다. 사람을 통해서 사람 속에서 변환을 하는 것은 신 자신이다."

우리가 미개간지의 무시무시한 신성으로부터 야만적이고, 엄청나기는 하지만 자르파니트, 이시스, 데메테르처럼 도움을 주기도 하는 신들을 거쳐서 차분하고, 절도 있으며, 조화로운 형상을 가진 올림푸스의 아폴론에 이르기까지 이 책 전체를 통하여 발표하면서 지켜본 것은 그 거룩한 변환이 아닌가? ... 결국 그것은 때때로 무시무시하고, 정의롭지 못하며, 잔인하고, 폭력적이며 때때로 탐욕스럽고, 협조적이며, 관대하고, 자비로운 ... 신과 인간들 사이의 계속적인 변환이 아닌가? "신은 인간을 필요로 한다." ... "인간은 이 세상 안에서 신이 하는 모험이다."[143] ... 그런 성현에 의해서 풍요로워진 인간의 정신 속에서 신들은 변환하고, 정신은 다시 신들을 풍요롭게 한다. 인간의 정신은 신을 방출하고-접수하는 것이다. 인간의 정신은 풍요롭게 하고, 풍요롭게 되는 양성구유적 존재인 것이다.

또 한편으로, 융은 1912년 신의 그런 변환을 만나면서 놀라서 1952년에는 더 이상 놀라지 않았지만, 무시무시하고, 잔인한 신인 야훼가 그에게 "특별했던" 피조물, 욥의 정신 안에서 그렇게 변환되는 과정을 책 한 권[144]에서 아주 명료하게 기술한다. 그것은 그가 유대-기독교 사회에서 구속자-성자와 태모의 성현을 준비하려는 것이었다.

욥은 그가 "자기-분석"을 하는 내내 그 자신의 사탄적 야훼로부터 정화되었다. 더구나 우리는 태곳적 인간들이 행했던 입문의례에 대해서 연구하면서 귀신에게 사로잡힌 것은 가장 고통스러운 것이면서 동시에 가장 복된 것이라는 사실을 살펴보지 않았던가? 거기에는 병의 원인과 치료법—유일하고, 독특한 유사요법—이 있지 않았던가? "신들에 의한 광기"는 신에 의한 선택, 선발, 결국 특전(特典)의 징표이다. 퇴마사—샤만, 마술사, 주의(呪醫), 사제—는 빙의에 의한 혼돈을 의례적 혼돈으로 변환시키는 임무를 받게 된다. 혼돈 속에 있는 상상계를 상징화하고, "비정상적인" 혼돈을 창조적 생성으로 변환시키려는 것이다. 그러면 병을 유발했던 "미친" 신은 규칙을 따라서 부르는 노래와 리듬과 춤과 시를 통하여 점점 더 그 질서를 따라서 펴진다. 그에 따라서 그 공동체의 규칙 속에 통합되고, 추방 의례 속에서 다른 사람이나 동물이나 물건으로 전환된다. 그렇지 않으면, 어떤 공동체에서는 그 공동체를 위해서 신을 불러서 어떤 사람이 그 신에게 사로잡히게 하고, 그 사람은 샤만이 되기도 한다.

그러므로 노래, 리듬, 춤, 주문적인 시 등은 무질서 속에 질서, 파괴 속에 창조, 혼돈 속에 세계 창조를 가져온다. 음악가는 소리의 혼돈 속에 화음을 가져오고, 춤추는 이는 무질서한 움직임들 속에 우아함과 매력을 가져오며, 시인은 말들과 음절들이 뒤섞인 것에 숭고한 언어를 가져오고, 화가는 변화무쌍한 이미지의 숲 속에 색깔들과 형태들의 우주를 들여오며, 건축가는 돌무더기로 성당을 만든다. 이 모든 것들은 살아있는 상징이 에너지들을 끌어 모아서 창조하는 것이다. 삶, 욕구, 욕망, 두려움, 불안, 기다림, 폭력, 분노 등의 알들이 예술 작업을 위해서 변환되는 것이다. 종교적 인간은 예술가이다. 신화가 먼저인지, 아니면 모방극적 의례가 먼저인지 확언할 수는 없다. 그러나 신화와 의례는 서로가 서로에게 스며들어서 어떤 사람은 의례가 먼저라고 생각할 수 있어도, 그는 비록 무의식적으로나마 이미 신화가 의례를 그 밑에 두고 있다는 사실을 믿지 않을 수 없게 된다. 신화는 이미 시(mythos, épos)이고, 모방극적 의례는 이미 비극이다. 그 다음에 우리는 신화가 지적인 말씀(로고스)으로 "타락하는" 것을 본다. 어쨌든 종교적 정동과 미학적 정동은 부분적으로 연계되어 있고, 그 두 가지 상징화의 원초적 원천은 정신치료의 근본적인 힘을 구성한다. 시인, 음악가, 화가, 건축가의 임무는 거기에 있으며, 모든 시대의 샤만과 주의(呪醫)의 임무도 거기에 있다. 지적 타락이 가장 높은 정도로 기록되는 우리 시대가 신들을 인간이라는 도가니[145](athanor) 안에 넣어서 변환시키는 작업을 담당할 살아 있는 힘을 펴내기 위하여 이미지, 형상, 소리, 색깔, 문자들을 혼돈 속으로 다시 집어넣을 필요를 느낀다는 사실은 얼마나 놀라운 일인가?

# 오늘날의 엘레우시스: 결론을 대신하여

오늘날 합리적이고, 기계적인 서구 사회의 한 복판에서 우리는 거룩한 것들이 여러 가지 모습으로, 특히 자본주의와 공산주의라는 양극단 체제 속에서 서로 간에 대량학살을 시도하려고 첨예한 갈등을 일으키며 계속해서 나타나는 것을 보는데, 그런 예는 나치가 가장 놀랍고, 끔찍하게 보여주었다.[146] 우리는 앞에서 프랑스의 68년 5월의 혁명에 대해서도 언급하였는데, 이 세상에서 거룩한 것의 분출을 "정치적 이유", "경제적 이유", "사상적 이유" 만으로 설명하려는 것은 매우 불충분하다는 사실은 우리가 미슐레(Michelet)의 『프랑스 혁명사』(*Histoire de la Révolution française*)를 읽어보는 것만으로도 충분하다. 여기에서 우리가 미슐레의 주장을 다 살펴볼 수는 없다. 다만 그는 그 책 전반을 통해서 프랑스 혁명은 신비가와 선견자(先見者)들의 신에 대한 열정 때문에 일어난 것으로 보았다는 것만 말하려고 한다. 그에게 있어서 그 선견자들은 "거룩한 도시"(Cité Sainte) 파리의 진정한 성극(聖劇)의 연출자들이었던 것이다. 그리고 파리 시민들은 영웅-신들이었고, 그들은 절대적이고, 고태적인 신을 죽인, 국왕시해자였다. 또한 그것은 앙드레 말로(Malraux)가 정의하였듯이 "인신희생의 시범적 상연"이었으며, "희생의 위기"[147]가 이루어지면, 그 어느 쪽도 가리지 않고, 전면적 학살이 일어난다.

그러나 우리가 여태까지 말했던 주제에 알맞은 성현(聖顯)이 또 하나 있는데, 그것은 1958년 2월 11일 루르드의 마싸비엘(Massabielle)

동굴에서 일어난 성모의 발현(發顯)이다. 그때 우리의 여신 데메테르는 호메로스의 시로 표현된 신화에 나타난 데메테르보다 훨씬 온건하였다. 그 소녀는 샘물가에 나타난 첼레오스의 딸도 아니었고, 데메테르가 쓰고 있던 베일을 벗겨서 정체가 드러나게 하였던 메따니르도 아니었다. 오히려 가난하고, 굶주린, 작은, 양을 치는 소녀였다. 그래서 그녀는 비전을 보기 위해서 신비 참가자들이나 선견자들처럼 금식을 할 필요도 없었다. 그녀가 성현을 맞이하기에는 매일매일 겪는 현실에서의 슬픔으로 충분하였다. 어느 누구도 그 작은 소녀 베르나데뜨(Bernadette)가 호메로스의 시를 알거나, 그 두 성현의 주제가 서로 일맥상통하다는 생각을 했을 것이라고는 상상도 하지 못할 것이다. 하얀 옷을 입은 성모가 그 아이에게 나타나서 샘물을 계시해 준 것은 아홉 번째 발현 때였다. "그 샘물에 가서 물을 마시고, 네 손을 씻어라." 그 샘물은 베르나데뜨가 처음 생각했던 것처럼 계곡의 급류에 있지 않았고, 동굴의 왼쪽에 있었다. 거기를 보니 진흙탕 물밖에 없어서 그녀가 마시거나 세수하기에 아주 힘이 들었다. 그래서 그녀는 그녀가 보았던 비전을 따라서 작은 풀(야생 갓냉이)만 씹어 먹었다. 어느 누구도 거기에 샘물이 있으리라고는 생각도 하지 못했을 것이다. 그러나 베르나데뜨가 손가락으로 판 구멍으로부터 지금은 매일 17리터에서 72,000리터의 물이 나온다. 그 샘물에서 최초의 치유가 일어난 것은 그녀가 그 샘물을 발견한 다음 다음 날이었다. "속죄하고, 속죄하라. 죄인들이 회개하도록 가서 속죄하면서 땅에 입을 맞추어라. ... 사제에게 가서 이곳으로 신자들과 같이 와서 이곳에 예배당을 세우도록 하여라." 성모는 석 달 동안이나 그녀의 정체를 드러내지 않았다. 그녀가 "무염시태(Immaculée conception, 無染始胎)를 선포한 것은 5월 24일 밤부터 25일까지이고, 베르나데뜨는 사람들이 그녀를 파리에 있는 사제 페이라말(Peyramale)에게 데려갈 때까지 잊어버리지 않으려고, 비전을 보는 동안 그 입에서 나오는 문구를 그 지방 사투리로 계속해서 반복하였다 : "그것은 무염시태이다"(Que soy era Immaculada Concepcion).

성모의 마지막 현현이 117년 전에 이루어진 것은 이와 같다. 그 후 일 년에 삼백만 명에서 사백만 명의 순례자들이 매년 그 동굴로 모여들고 있다. 그리고 거기에서 치유를 받은 사람들의 명단은 매년 길어진다. 생-마클루의 뒤노 박사가 1882년 세운 치유 확인소에서는 매년 거기에서 치유된 수 십 사례 확인하는데, 그 가운데서 62 사례는 조사 결과 "기적"이라고 밖에 말할 수 없는 것이고, 그 가운데 어떤 병들은 10년 이상 앓았던 것들도 있다. 그것이 "기적"이라고 하는 것은 그 병이 의료 당국으로부터 전혀 치료할 수 없는 것이었지만 치료되었기 때문이다. 예를 들어서 말하자면, 거기에서 치유된 병들은 자궁경부암, 호지킨(Hodgkin) 림프종, 숨어 있던 각종 경화증, 두뇌의 거미줄막 염증 등이다. 그 치유들은 셍-사크르망에서 행렬을 할 때나 로자리아 광장을 행진하다가 일어나기도 했고, 풀장 속에서나 동굴 앞에서 성찬식을 하다가도 일어났다. 그 행렬을 보거나 그 행렬에 대해서 듣지 않은 사람들은 거기에 대해서 상상도 할 수 없을 것이다. 나는 거기에 대한 설명을 에밀 졸라에게 맡기려고 한다. 그 광경은 그가 "루르드 여행"에서 묘사한 것과 거의 달라지지 않았다 : "그 행렬은 언제나 펼쳐진다. 성당을 돌 때 타오르는 불씨는 마치 마르지 않는 샘물이 솟아나듯이 어둠 속에서 나타난다. 그리고 작은 불꽃들의 거대한 흐름은 두 줄로 리본 모양의 숯불의 그림자에 줄을 긋듯이 지나간다. 그러나 무엇보다도 놀라운 광경은 로자리아 광장에서 그 행렬이 느리게 이어지고, 그 행렬의 머리 부분이 점점 더 작아지면서 원으로 포개질 때 펼쳐진다. 그것은 소용돌이치듯이 행렬을 더디게 하고, 합창을 더 크게 하면서 곧 그 둥근 원은 타오르는 집체로 되는데, 그 둘레에 리본 모양의 숯불이 꺼지지 않는 별 무리의 핵처럼 반짝거린다. 그 핵은 커졌다가, 작은 연못이 되었다가, 호수로 된다. 그러면 그 거대한 로자리아 광장은 현기증이 날 정도로 끝이 없이 회오리치는 반짝이는 작은 물결이 흐르는 불이 난 바다로 변한다. 그리고 여명의 반사가 성당을 하얗게 비춘다. 지평선은 깊은 어둠 속으로 내려간다. 사람들은 멀리서 몇몇 일행에서 떨어져 갈 길을 잃은 큰 양초들이 반딧불의 아주 작은 빛의 도움으로 길을 찾는 것을 보게 된다. 갈보리 산에서도 별들이 하늘 꼭대기에서 흐르고 있었기 때문에 행렬의 헤매는 끄트머리가 산을 올라가야 했을 것이다. 마침내 마지막 촛불이 나타나서 잔디밭을 돌고, 그 불꽃의 바다 속에 들어가서 함께 흐르고, 빠지는 시간이 온다. 삼천 개의 촛불이 거기에서 별빛이 시드는 거대하고, 고요한 하늘 아래 빙빙 돌면서 그 불꽃을 이끌며, 타오른다. 반짝이는 구름은 합창 소리와 함께 하늘로 나르는데, 그 장엄한 광경은 그치지 않는다. 그리고는 '아베, 아베, 아베 마리아!'를 부르는 소리가 울려 퍼지는데, 그것은 마치 불이 몸을 치료하고, 영혼을 구원하려고 기도 드리면서 타닥타닥하고 쉬지 않고 기도 드리는 것 같았다."

이 장엄한 광경에 참석하여 보지 못했던 사람들은 사람들 속에 있는 이 비합리적인 능력의 기적이 어떻게 일어날 수 있는지 하는 것에 대해서 잘 알 수 없을 것이다. 그리고 그 어떤 이데올로기나 기술주의, 전체주의, 합리주의 ... 도 그의 내면에서 그의 존재의 기반과 존재 이유를 형성하는 것을 추출해낼 수 없을 것이다.

벨몬트, 1975년 8월-9월

# 미주

### 제1부 제1장

1 R. Callois, *L'Homme et le Sacré*, Gallimard.

2 H. A. Junod, *Moeurs et Coutumes des Bantous*, Payot, R. Caillois, op.cit.

3 H. Hubert, Préface au *Manuel d'histoire des religions*, R. Callois, Chantepie de la Saussaye.

### 제1부 제2장

4 R. Otto, *Le Sacré,* Payot. 어원적으로는 "거룩한 것"이라는 의미이다.

5 정신분석에서의 투사는 피아제에게 인지조절(accomodation)에 해당할 수 있다.

6 정신분석에서의 내사(內射)는 피아제에게 동화(assimilation)에 해당할 수 있다.

7 P. Emmanuel, *Le Gout de l'Un*, Seuil.

8 이것은 개체 발생론적으로 볼 때 실낙원 신화와 황금기 신화의 새로운 해석이 될 것이다.

9 이것은 타락의 신화의 새로운 해석이 될 것이다.

10 여행자들을 냉대하는 지역의 신화들에 해당할 것이다.

11 Cf. M. Klein, *Ed*. Payot.

12 거기에는 페티시에서 나오는 신성력이 깃든 영기(靈氣)가

따르기 마련이다.

13 H. Abraham & M. Torok, *Introjector-Incorporer, Destins du cannibalisme*, N. R. P., no 6, Gallimard.

14 R. Otto, *op.cit.*

**제1부 제3장**

15 프로이드의 에로스와 타나토스를 비교하시오.

16 S. Freud, 『전집』, Ed. James Strachey, 24 vol. Hogarth Press, Londres.

17 N. Chomsky, *La Linguistique cartésienne*, Seuil.

18 G. Verne, *Retour aux sources du devenir,* Le Courrier du Livre.

**제1부 제4장**

19 cf. J. Lacan, *Ecrits, Séminaires*, Seuil.

20 J. Filliozat, *Magie et Médecine*, P.U.F.

21 Ellenberger의 용어. *A la découverte de l'inconscient,* S.I.M.E.P.

22 Cl. Levi-Strauss, *Anthropologie structurale,* Plon.

23 마술사들이 관계하는 존재는 악마가 아니라 수호령이다. 고대 사회에서 démon은 상징화의 수준에서 볼 때 중세에서 생각하는 것만큼 근본적으로 사악하기만 하지 않기 때문이다. 악령 추방에서도 격렬한 정화만 하지 않는다.

24 R. Caillois, *op. cit.*

25 G. Durand, *Les Structures anthropologiques de l'imaginaire,* P.U.F.

**제1부 제5장**

26 충동은 어떤 원천이나 목적, 아니면 의미나 대상을 가지고 있는 매개체로 도식화되어 나타날 수도 있다.

27 J. Piaget, *La Construction du réel chez l'enfant*, Delachaux et Niestlé

28 신화적 시대의 초기에는 아직 분리가 뚜렷하게 이루어지지 않았고, 종교적 인간의 역사를 통해서도 그렇게 뚜렷하게 되지 않았다.

29 Cf. A. Virel, *Histoire de notre image,* Mont Blanc.

30 Cf. W. Schubart, *Eros et Religion*, Fayard.

31 우리는 뒤에서 이것이 완전히 정확한 것은 아니라는 사실을 살펴볼 것이다. 아들 원형, 특히 아들-연인의 원형은 농경-달의 현현 아래 매우 중요한 역할을 한다.

32 O. E. Brien, *Les Sociétés secrètes de mystères*, Payot.

33 이와 비슷한 주제가 수메르-바빌론의 탐무즈와 마르둑, 시리아의 아도니스, 이집트의 오시리스 등에서도 발견된다.

34 다른 판본에서는 그가 멧돼지에 쫓겨서 아도니스처럼 돼지의 공격으로 죽었다고도 한다. Cf. 그 신화에 대해서 말하는 것들로는 P. Grimal, *Dictionnaire de la Mythologie*, P.U.F: Commelin, *Mythologie à travers le monde,* Hachette 등도 있다.

35 Platon, *Banquet,* trad. par L. Robin, Club français du Livre.

36 P. Emmanuel, *op.cit.*

37 D. de Rougemont, *L'Amour et l'Occident*, Plon.

38 그러므로 때때로 다이몬적인 것과 악마적인 것은 동일하다. 로미오는 줄리엣에게 "오, 나만의 증오에서 태어난 나의 유일한

사랑이여"라고 부르짖었다.

39 오르페우스 신화에서 디오니소스의 어머니는 보통 세멜레로 나온다.

40 Han Ryner, *Le Fils du silence.* Gilberte Aigrisse in *Psychanalyse de la Grèce antique,* Les Belles Lettres, Paris. 재인용.

41 Nietzsche, *La naissance de la tragédie,* N.R.F.

42 Cf. G. Verne, *Le Projet de la Vie,* Sodi.

43 W. K. C. Guthrie, *Les Grecs et leurs dieux,* Payot.

44 C. G. Jung, *Dialectique du moi et de l'inconscient*, Gallimard, 와 *Collected Works,* Bollingen Presses, New York, Routledge and Kegan Paul, Londres, 19 volumes.

45 G. Aigrisse, *op. cit.*

46 모든 남성은 어느 정도 돈 환이고, 모든 여성은 메살리나(Messaline, 로마 황제 클라우디우스의 세 번째 아내로 성적으로 문란했다—역자 주)이다.

47 M. Eliade, *Traité d'histoire des religions*, Payot.

48 더 나아가서 뱀은 배의 움푹한 곳에 사는 탄트라의 쿤달리니를 나타낸다.

49 Cf. T. de Chardin, *OEuvres Complètes*, Seuil.

50 켈트족은 그들의 목숨(문자 그대로의 목숨)을 그들의 가족 중 하나가 치명적인 병에 걸렸을 때 낫게 하기 위하여 주는 것을 어려워하지 않았다.

51 가설에 의하면—아마 신화적이기도 하다—본래 모권제 사회가 있었고, 남성들은 거기에 대해서 복수를 한 것이라고 고백해야

한다. 그럼에도 불구하고 역사에 대한 피상적 연구는 그것을 믿게 하는 경향도 있다고 해야 한다.

52 에그리스(Gilberte Aigrisse)는 디오니소스-자그레브의 현현은 그리스인들의 영혼에 있던 "외향적 사고"와 일반적으로 역동적인 관계에 있던 "내향적 감정"의 출현이라고 주장하였는데, 그런 가설을 배제시킬 수는 없다. Gilberte Aigrisse, *op. cit.*

53 M. Eliade, *op. cit.*

54 여기에서 우리는 프로이드의 유명한 반복강박을 끌어들일 수 있다. 그것은 프로이드에게서 죽음의 충동 아래 있는 것이다.

55 Berthelot, *La Pensée de l'Asie et l'astrobiologie,* Payot.

56 Cf. G. Durand, *op. cit.*과 *Science de l'homme et tradition*, Sirac.

57 G. Gusdorf, *Mythe et métaphysique,* Gallimard.

58 융의 언어로 말하면, 그것을 요구하는 것은 자기(대극의 조화를 이루는 요소이며 통일과 전체성의 요소이다)이다.

### 제2부 제1장

59 O. E. Briem, *op. cit.* 브리앙에 의하면 케틀린은 1930년 초반부터 마단스족과 생활을 같이 하였다.

60 우리가 자연을 문화와 대치시킬 때, 우리는 "인간적인 동물"이 일반적으로 "자연적인 동물"보다 더 위험할 수 있다는 사실을 간과한다. 자연적인 동물은 거의 사악하지 않은데, 그 이유는 사악하게 되려면 "생각을 많이 해야" 하기 때문이다.

61 Cf. Marcelle Bouteiller, *Chamanisme et Guérison magique,* P.U.F. M. Eliade, *Le Chamanisme et les Techniques*

*archaiques de l'extase*, Payot. J. P. Valabrega, *La Relation thérapeutique,* Flammarion. S. Mayassis, *Mystères et Initiations dans la préhistoire et la protohistoire,* Ed. Bibliothèque d'Archéologie Orientale d'Athenes.

62 M. Bouteiller, *op. cit.*

63 Cf. P. Solié, "Inceste et Transgression", in *Cahiers de Psychologie jungienne*, no. 4, 5.

64 D. W. Winnicot, "Objets transitionnels", in *La Psychanalyse,* no. 5, P.U.F.

65 아이시타인의 상대성이론과 그의 우주론은 후대에 새로운 우주론으로 대체되는데, 그것은 그의 우주론이 프톨레미의 우주론을 대체한 코페르니쿠스-뉴턴의 우주론을 대체한 것과 같은 이치이다.

66 엘리아데가 소개한 다야크의 입문의례. 우리는 전 세계에 걸쳐서 퍼져있는 모든 샤만의 입무의례에서 이와 비슷한 그림들을 찾아볼 수 있다. 독일 중부의 신석기 시대 사람들은 의례를 통해서 죽은 사람들을 해체하였음을 주목할 수 있다. 당연하게도 그런 고통스러운 것들은 그들이 의도적으로 한 것이 아닐 것이다.

67 여기에서 우리는 우리 내면과의 소통을 매개하는 힘으로서의 아니마/아니무스의 역할에 대해서 명확하게 알 수 있다. 융은 우리에게 아니마는 남성의 정신을 조직하는 핵이고, 아니무스는 여성에게 같은 기능을 하는 것이라고 확인해준다.

68 S. Mayassis, *op., cit.*

69 근래에 출판된 샤마니즘에 대한 카스타네다(Castaneda)의 서적은 놀랄 만한 성공을 거두었다. 거기에서 그는 우리 속에 있는

신비하고 마술적인 심층에 마술사 야(Ya)가 존재한다고 말한다.

70 M. Bouteiller, *op., cit.*

71 마취제 성분이 있는 식물.

72 병든 사람은 단순한 치유자나 무의(巫醫)에 의해서 처치될 수 있다.

73 본래적인 정신 상태로부터 떨어지는 것을 말하는데, 그때 트랜스, 환상, 환각, 투사, 내사(內射), 이인증 등이 생기기 쉽다. 그런 정신 상태에서 그 현상들은 아주 자연스럽게 일어날 수 있다.

74 M. Bouteiller, *op. cit.,* 서쪽 하늘은 해가 지는 하늘로서 죽은 이들의 하늘이다.

75 어떤 치료는 비교(祕敎) 집단의 전통 가옥에서 행해진다.

76 Cf. R. Jalby, *Le folklore du Languedoc,* G. P. Maisonneuve et Larose, *Sorcellerie et Médecine populaire en Languedoc*, Ed. de l'Ayguea a Nyons.

77 M. Bouteiller, *op., cit.*

**제2부 제2장**

78 Cf. O. E. Briem, *op. cit.*

79 G. Contenau, *La Magie chez les Assyriens et les Babyloniens,* Payot.

80 같은 지역에서 셈족 사람들은 같은 무렵 강력한 모성-여신의 아들-연인인 아돈(Adon)을 숭배하였다. 아돈과 탐무즈는 시리아의 아도니스라는 인물 속에서 다시 발견되고, 그 다음에는 그리스에서도 찾아볼 수 있다.

81 우리는 여기에서 이야기를 아주 간단하게 줄여서 말했는데, 그 이유는 탐무즈의 수난이 어느 정도 마르둑의 수난과 비슷하기 때문이다.

82 마르둑의 본래의 비교(祕敎)에서 속죄양의 역할을 한 것은 사람일 수도 있을 것이다.

83 본래의 마르둑의 비교에서 속죄 염소의 역할을 맡았던 것은 사람이었을 것이다.

84 그리스의 고대 표상인 Esculape는 앉아 있는 신 옆에 있는 개의 형상을 하고 있다.

85 그것은 어떤 경우, 뇌염일 수 있고, 더 일반적으로는 편두통에 의한 아주 심한 통증일 수도 있다.

86 어떤 기술(記述)들은 실제로 치료하기 전에 종종 죽음에 이르게 하는 "산욕열"에 대해서 생각하게 한다.

87 끌레르크가 수집한 목록, *Leroux,* 제1권과 제2권.

88 Enkidu, Knoum.

### 제2부 제3장

89 G. Kolpaktchy, Introduction au *Livre des Morts des Anciens Egyptiens,* ed. des Champs- Elysées

90 생물학적 의미에서.

91 *op. cit.*

92 그는 그의 아버지에게 먹을 것을 주었고, 그의 아버지는 거기에서 생명과 힘을 되찾았다.

93 이것은 헬레니즘 사회에서의 이시스와 매우 비슷한 모습이다.

94 그것은 정중한 사랑과 함께 기독교에서 13세기에 시작되었다.

95 Cf. 이집트의 정신-영적 도시에서 가장 높이 있다.

96 O. E. Briem, *op. cit.*

97 I-Cher-Nofret, O. E. Briem, *op. cit*. 재인용.

98 이 주장은 특히 S. Mayassis 같은 종교사가들 사이에서 논쟁의 여지가 있는 주장이다. 그러나 적어도 귀족층이나 중산층으로까지 그렇게 선택된 사람들이 확대된다는 발달된 학설은 논박할 수 없는 듯하다. 그러다가 민중 전체로까지 확대된다는 것은 헬레니즘과 기독교 비의에 와서야 비로소 이루어진다.

99 그것은 의학의 영역에서 그렇다. 그러나 그런 상징화 기제는 거룩한 것이 분출되는 모든 영역, 즉 정치적이거나 혁명이거나 전쟁, 법률, 예술, 사랑 등의 영역에서도 작용한다.

100 여기에서 '향해서 나아가는 것"은 의미론적인 말이다.

101 Cf. 이 책의 제1부 제4장을 참고하시오. 사람들은 플레로마를 다시 찾을 수 있는데, 그것은 오직 의식화 속에서만 가능하다.

102 Cf. J. Lacarriere, *Les Hommes ivres de dieu,* Fayard. 탐무즈, 마르둑, 오시리스, 디오니소스, 에로스, 미트라, 그리스도 등은 똑같이 (인간의 조건에 있는) 아들 원형의 성현을 나타낸다. 그러나 미트라와 그리스도는 다른 신들과 달리 부성 원형으로부터 분화된다. 개인화되는 것이다.

103 그리스에서의 헤르메스(Hermes)에 해당될 것이다. "연금술"(hermetisme)은 토트로부터 시작되었다.

104 그리스에서 아스클레피오스(Asclepios)에 해당될 것이다.

105 Claudine Brelet-Rueff, *Médecines traditionnelles sacrées,* Retz. 에베르스 파피루스는 1879년 룩소르(Louqsor)에서 독일 사람인 게오르그 에베르스에 의해서 발견되었다. 그 문서에는

특히 눈병, 장내 기생충, 이집트 빈혈증, 목의 병, 임파선염, 피부병, 여러 가지 외상들과 그 외과적 처치와 산부인과적인 지시 등에 관한 수백 가지의 진단 소견들과 처방전들이 들어 있다.

106 Papyrus Ebers, Claudine Brelet-Rueff, *op.cit.*에서 재인용. 또한 Francois Lexa, "La Magie dans L'Egypte antique", 2 tomes+planches, Librairie Orientaliste Paul Geuthner.

107 배아(임신 후 8주까지)와 태아의 성을 결정하려는 것도 같은 방식으로 행해졌다.

108 Cf. Fr. Lexa, *op. cit.*

109 "왼손잡이 샤만".

110 그렇지 않으면 다른 신화 사본에 의하면 전갈이다. 이집트 의사들은 "전갈을 다스리는 사람"이라고 불리기도 한다.

111 G. Contenau, *op.cit.*

112 이것이 Spitz가 젖먹이의 의타 상실 우울증(dépression anaclitique; 어머니와 갑자기 떨어진 젖먹이가 첫해에 겪는 발육정지 증상—역자 주)이라고 부른 것이다.

113 O. E. 브리앙(Briem) 같은 역사가들은 피라미드에서는 그렇지 않았다고 하는데, 그것은 여기에서 그렇게 중요한 사실이 아니다. 이집트의 사원은 그것이 왕의 무덤이라는 독특한 특성을 간직하면서 지구라트와 피라미드를 가지고 있었을 것이다.

114 Cf. Cl. Brelet-Rueff. 마음을 나타내는 상형문자 기호는 음성학적으로 세 가지 다른 기호들로 구성되어 있는데, 그것들은 각각 진동이나 공기, 땅 위에 있는 생명의 담지자로서의 개인적 존재, 심장이 수축되고, 이완되면서나타나는 호흡—그리고 말—이 지나가는 입을 나타내는 기호들이다. 그것들이 합쳐졌을 때의 의

미는 "좋다"는 것이다.

115 Cf. *Phénoménologie de la perception*, N.R.F.

116 그때 기계를 페티쉬 같은 신성한 물질로 생각하는 파편화된 의식에 이미 기술주의의 혼돈이 발견된다. 오늘날 모든 것은 마치 (의식이 파편화된 상태에서) 부분적으로 자연적인 혼돈 가운데서 이루어지는 것 같지만 그 모든 것들은 우리가 만들어낸 혼돈 속으로 흘러들어 간다. 그때 모든 작업을 하는 것은 언제나 페티쉬즘이다.

**제2부 제4장**

117 Cf. O. E. Briem, *op. cit.*

118 지하 세계에 다시 돌아가지 않으려면 금식을 해야 한다.

119 Cf. 제1부 제5장, 디오니소스-자그레우스(아이)는 오르페우스파 비의에서 코레-데메테르의 연인-아들이다.

120 풍요의 신인데, 그것은 그가 곡식의 낟알과 관계가 있기 때문이다.

121 Platon, Phédon, Ed. Club Français du Livre.

122 에게 해변에 있는 고대 아르골리드(Argolide)에서는 에스쿨라페의 신탁이 그리스 전역의 병들 때문에 많이 이루어졌으며, 나중에는 전 제국의 병들 때문에도 그랬다. Esculape는 아스클레피오스의 다른 이름이다(역자 주).

123 그리고 정신분석가도 마찬가지로 "대화적 분석"이라는 이름을 가진 입문의례를 치른다.

124 그럼에도 불구하고, 치료에서 적응증이나 금기징후를 말하는 초기의 진단과 예후는 그렇지 않다.

125 1968년 5월에 프랑스에서 그 전의 권위주의 체제를 무너트린 학생운동은 그 전조가 될 것이다.

126 그리스도와 같은 차림을 하고, 그들 가운데 많은 이들이 "희생"을 요청하는 것은 역사 속에서 그리스도의 신화로 돌아가기를 바라는 신호가 아닐까?

127 미개간지, 티아마트, 세트, 하데스 등은 우리가 신화를 정신분석적으로 해석할 때 부르는 그림자, 특히 그 안에 "무시무시한 초자아"가 반영되어 있는 원형적 표상이라고 할 수 있다. 그렇지 않으면 "나쁜 대상", 특히 부정적인 부성 이마고와 관계되는 부정적 이미지이다.

128 Cf. René Girard, *La violence et le sacré*, Grasset.

129 Cf. H. Leisegang, *La gnose,* Payot. A.-J. Festugiere, *La révolution d'Hermès trimégiste,* 4 vol., Ed. Gabalda.

130 Cf. T. de Chardin, Œuvres, Seuil. J. Charon, *La connaissance de l'univers; Récentes découvertes sur la matière et la vie; L'homme et l'univers, etc., Seuil,* O. de Beauregard, *Le Second principe de la science du temps*, Seuil. S. Lupasco, *Les trois Matières,* Gallimard.

131 우리가 "심리적 실재"(réalité psychique)라고 부르는 것은 물질적인 실재(réalité matérielle)만큼 진실하고, 실제적이다.

132 이데아는 마치 원통에 감은 코일의 중심 같은 것이다(원통에 감은 코일은 콘덴서 등에서 전자유도작용을 일으키기 위한 것이다—역자 주).

133 Platon, *Banquet,* Pléiade.

134 W. Blake, G. Bataille, *La littérature et le mal,* Gallimard에서

재인용.

135 우리는 여기에서 7세기 가난한 환자들이 공공의 경비(Assistance médicale gratuite, 무료)로 의료 혜택을 받을 수 있었던 Charondas 법(法)에 대해서 지적해야 한다.

136 F. Nietzsche, *op. cit.*

137 Cf. J. Bourgaux, *Possessions et Simulacres aux sources de la théatralité*, Epi. 비극의 원천에 있는 것은 소박하고, 민중적이며, 풍자적인 서정시가 아니라 장엄한(또는 침울한) 서정시이다.

138 키벨레나 데메테르-코레(또는 세멜레)

139 Cf. P. Emmanuel. 에로스-타나토스의 양극성도 지적해야 한다.

140 여기에서 말하는 개인화는 플레로마(충만한 상태) 또는 헤르마프로디테(양성구유 상태)로부터 추방당한 개인이라는 의미이다. 그러나 그것은 개인의식을 얻을 수 있는데 필요한 길—종종 십자가를 거치는—이기도 하다. 그것은 융의 용어로 말하자면 개성화 과정이다.

141 W. Schubart, *op. cit.*, 슈바르트는 천지창조적 에로스를 자연적 종교와 구별하고, 구원론적 에로스를 구속적 종교와 구별한다. 그러나 우리는 밀의종교들이 그 둘을 연결시킨다는 사실을 살펴보았다.

142 C. G. Jung, *Métamorphoses de l'âme et ses symboles*, Georg.

143 G. Verne, *Retour aux sources du devenir,* Le Courrier du Livre.

144 C. G. Jung, *Réponse à Job*, Buchet-Chastel.

145 연금술사의 용광로로서, 그 안에서 불에 의하여 원질료(prima materia)가 금, 영약(靈藥), 현자의 아들로의 변환이 일어난다.

**오늘날의 "엘레우시스" : 결론을 대신하여**

146 Cf. C. G. Jung, *Aspects du drame contemporain,* Georg. 융은 이 책에서 히틀러가 일으킨 현상을 게르만의 전사(戰士)이며, 파괴자인 보탄의 육화라고 해석한다.

147 Cf. R. Girard, *op. cit.*

# 참고문헌


Abraham, H. & Torok, M.. "Introjector-Incorporer", *Destins du cannibalisme*, N. R. P., no 6, Gallimard.

Berthelot, *La Pensée de l'Asie et l'astrobiologie*, Payot.

Blake, W.. *La littérature et le mal*, Gallimard.

Bourgaux, J.. *Possessions et Simulacres aux sources de la théatralité*, Epi.

Bouteiller, Marcelle. *Chamanisme et Guérison magique*, P.U.F.

Brien, O. E.. *Les Sociétés secrètes de mystères*, Payot.

Callois, R.. *L'Homme et le Sacré*, Gallimard.

Charon, J.. *La connaissance de l'univers; Récentes découvertes sur la matière et la vie; L'homme et l'univers, etc.*, Seuil.

Chomsky, N.. *La Linguistique cartésienne*, Seuil.

Claudine Brelet-Rueff, *Médecines traditionnelles sacrées*, Retz.

Commelin, *Mythologie à travers le monde*, Hachette.

Contenau, G.. *La Magie chez les Assyriens et les Babyloniens*, Payot.

de Beauregard, O.. *Le Second principe de la science du temps*, Seuil.

de Chardin, T.. *Œuvres Complètes*, Seuil.

de Rougemont, D.. *L'Amour et l'Occident*, Plon.

Durand, G.. *Les Structures anthropologiques de l'imaginaire*, P.U.F.

________. *Science de l'homme et tradition*, Sirac.

Ellenberger, *A la découverte de l'inconscient*, S.I.M.E.P.

Eliade, M.. *Traité d'histoire des religions*, Payot.

________ . *Le Chamanisme et les Techniques archaïques de l'extase*, Payot.

Emmanuel, P.. *Le Goût de l'Un*, Seuil.

Festugiere, A.-J.. *La révolution d'Hermès trimégiste*, 4 vol., Ed. Gabalda.

Filliozat, J.. *Magie et Médecine*, P.U.F.

Freud, S.. *Œuvres complètes*, Ed. James Strachey, 24 vol. Hogarth Press, Londres.

Gilberte Aigrisse, "Les Belles Lettres", *Psychanalyse de la Grèce antique*, Paris.

Girard, René, *La violence et le sacré*, Grasset.

Grimal, P.. *Dictionnaire de la Mythologie*, P.U.F

Gusdorf, G.. *Mythe et métaphysique*, Gallimard.

Guthrie, W. K. C.. *Les Grecs et leurs dieux*, Payot.

Huber, H.. *Manuel d'histoire des religions*, Paris.

Jalby, R.. *Le folklore du Languedoc*, Paris.

Jung, C. G.. *Dialectique du moi et de l'inconscient*, Gallimard, et *Collected Works*, Bollingen Presses, New York, Routledge and Kegan Paul, Londres, 19 volumes.

________ . *Métamorphoses de l'âme et ses symboles*, Georg.

________ . *Réponse à Job*, Buchet-Chastel.

________ . *Aspects du drame contemporain*, Georg.

Junod, H. A.. *Moeurs et Coutumes des Bantous*, Payot,

Klein, M.. *Ed*. Payot.

Kolpaktchy, G.. *Introduction au Livre des Morts des Anciens Egyptiens*, ed. des Champs- Elysées
Lacan, J.. *Ecrits*, *Séminaires*, Seuil.
Lacarrière, J.. *Les Hommes ivres de dieu*, Fayard.
Leisegang, H.. *La gnose*, Payot.
Levi-Strauss, Claude, *Anthropologie structurale*, Plon.
Lexa, Francois. *La Magie dans L'Egypte antique*, 2 tomes+planches, Librairie Orientaliste Paul Geuthner.
Lupasco, S.. *Les trois Matières*, Gallimard.
Maisonneuve, G. P. et Larose, *Sorcellerie et Médecine populaire en Languedoc*, Ed. de l'Ayguea à Nyons.
Mayassis, S.. *Mystères et Initiations dans la préhistoire et la protohistoire*, Ed. Bibliothèque d'Archéologie Orientale d'Athenes.
Merleau-Ponty, *Phénoménologie de la perception*, N.R.F.
Nietzsche, La *naissance de la tragédie*, N.R.F.
Otto, R.. *Le Sacré*, Payot.
Piaget, J.. *La Construction du réel chez l'enfant*, Delachaux et Niestlé
Platon, *Banquet*, trad. par L. Robin, Club français du Livre.
_____ . *Phédon*, Ed. Club Français du Livre.
Ryner, Han. *Le Fils du silence*.
Schubart, W.. *Eros et Religion*, Fayard.
Solié, P.. "Inceste et Transgression", in *Cahiers de Psychologie jungienne*, no. 4, 5.
Valabrega, J. P.. *La Relation thérapeutique*, Flammarion.
Verne, G.. *Retour aux sources du devenir*, Le Courrier du Livre.

______. *Le Projet de la Vie*, Sodi.

Virel, A.. *Histoire de notre image*, Mont Blanc.

Winnicot, D. W.. "Objets transitionnels", in *La Psychanalyse*, no. 5, P.U.F.